河出文庫

瓦礫から本を生む

土方正志

河出書房新社

本書関連地図

本文中に登場する主な地名を示しました。
本文と併せてご覧ください。

東日本大震災による被害状況
◆死者・行方不明者数［2019年９月10日、警察庁］
岩手／5788人
宮城／10760人
福島／1810人
全国／18429人
◆建物被害［2019年９月10日、警察庁］
406816棟（全壊・半壊・全焼・半焼・床上浸水）
◆浸水面積［2011年４月18日、国土地理院］
合計561㎢（山手線内側の面積の約９倍）

＊2011年3月11日14時46分、三陸沖を震源に東北地方太平洋沖地震が発生。マグニチュード9.0。最大震度7（宮城県栗原市）。太平洋岸の広い地域に津波をもたらした。地震に伴う福島第一原子力発電所事故による災害を含め、「東日本大震災」と総称する。

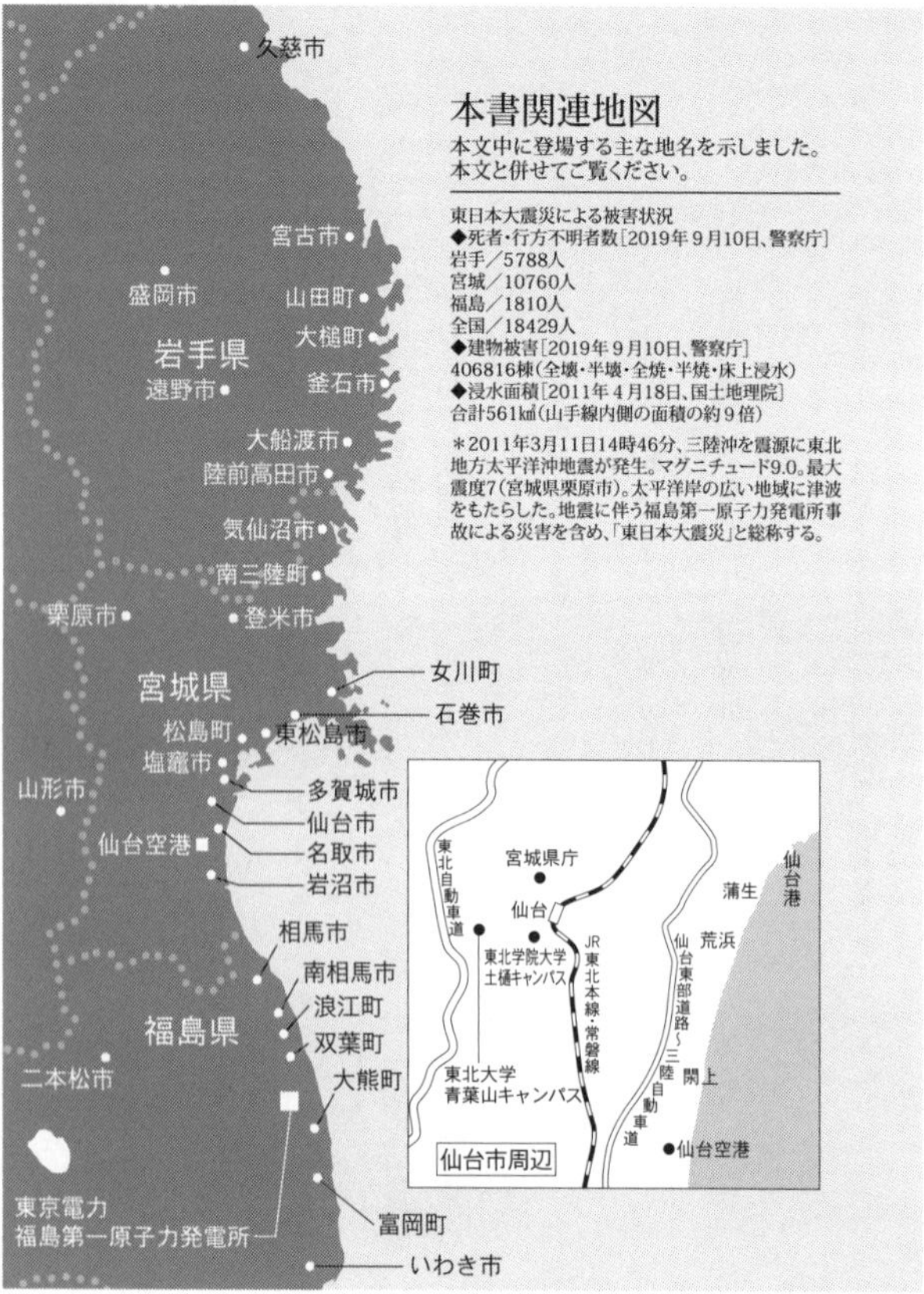

瓦礫から本を生む

はじめに

本書に収録した、このような原稿を書くことになるとは思ってもいなかった。

二〇〇〇年に東京から宮城県仙台市に拠点を移すまで、取材者として雲仙普賢岳《うんぜんふげんだけ》噴火の長崎県島原市に、北海道南西沖地震による津波に呑《の》まれた奥尻《おくしり》島に、阪神・淡路大震災下の兵庫県神戸市に、島そのものが噴火《ふんか》したかのような東京都三宅島に、有珠《うす》山《ざん》噴火の北海道洞爺《とうや》湖《こ》町に、岩手・宮城内陸地震の現場にと、全国の被災地に立って、週刊誌や月刊誌に記事を書いた。

東日本大震災で自らが被災者となって、私のそんな過去を知る東京の編集者たちが直後から連絡してきた。取材には行かないのか、原稿は書かないのか、と。対する私は「書かない、書くつもりはない」と応え続けた。

避難生活を送っていた。関係者の安否確認が続いていた。明日をも知れぬ毎日だった。被災した零細《れいさい》企業の経営者としても、正直、取材どころではなかった。廃業まで考えていた。事情を話すと、みな理解してくれた。

気仙沼《けせんぬま》市で津波に呑まれた知人の柩《ひつぎ》を担《かつ》いで間もなく、二〇一一年の三月末だったか。やはり旧知の編集者が原稿依頼の電話をくれた。申しわけないけれど「書けない」と応えたのだが、彼は納得しなかった。電話の向こうでまくしたてる。「全国の被災地を取材してきたあなたが書かないでどうする、いままでのあなたの仕事はなんだったのか」と。それでも躊躇《ちゅうちょ》した。取材しようと思えばいくらでもできた。仙台で一〇年以上にわたって本を作ってきた。被災地といっても、被災者といっても、知った場所や知った顔が即座に目に浮かぶ。あの場所は、あの人は、いまどうなっているのか、取材など、それだけでいい。だが、だからこそ書けなかった、書きたくなかった。

そう語った私に彼は「あなたは取材者じゃないんだ、被災者なんだ、被災地の生活者なんだ、取材なんてしなくてもいい、全国の被災地を見てきたあなたが自ら被災者となっていまなにを思うのか、それを書くだけでいいじゃないか、それがあなたの役目じゃないか」と電話を通して怒鳴《どな》った。彼ははっきりと私を責めていた。書こうと思った。

もうひとり、きっかけをくれた編集者がいる。被災地の新聞社が、あるいは放送局など被災地のメディアが、いかに事態に対処したかの本は阪神・淡路大震災でもこのたびの東日本大震災でも刊行された。だが、被災地の出版社がなにを為《な》し得たか、為し得なかったのかの本はないと、彼女はそういった。

確かにその通りではある。ただ、出版社といっても地域のそれはほとんどがみな中小零細企業である。新聞社や放送局など規模の大きいメディアのような機動性もなければ、ドラマもない。とはいえ、いつどこでどんな立場の人間が〈被災者〉となるかわからない、そのとき被災地域の出版人はなにを思うのか、なにを為すべきなのか。私たちの経験がすべてとはとてもいえないまでも、いわば「明日の被災地」のためのテストケースになればいいのではないか。そう思った。

書きはじめると、依頼が増えた。連載の依頼がふたつ重なって、腹が決まった。日記でいい、日々の記録でいい、と。被災地で本を編《あ》む私たちが、日々に思って感じたことどもを淡々と書き続けてみよう。報道でも評論でも提言でもなく、ただ、行く末《ゆすえ》の見えない日々の記録として。それがこの災害列島に生きる「明日の被災者」たる人たちへのささやかな伝言になればそれでいい、と。

このところ「息災《そくさい》」なる言葉が胸に響くようになっている。辞書を引けば「災難を避ける」の意とあるが、「災」は「災害」の「災」でもあるだけに、私には五年を過ぎて「災」にひと「息」つこうとしている被災地の仲間たちの顔が浮かぶのみである。息災に生きて息災に死ぬ、そんな保証はこの列島に生きる誰しもが持ってはいない。だからこそあなたの「息災」を祈ってやまない。

被災地の出版人のこの五年間の日記のごとき記録に、どうか目を通していただければ。

プロローグ

2011年

三月一一日午後二時四六分から

なにを書けばいいのだろう。あの激烈な揺れか。雲仙普賢岳噴火から、北海道南西沖地震による奥尻島津波、阪神・淡路大震災、有珠山噴火、三宅島噴火、岩手・宮城内陸地震と、災害報道にたずさわってきた者としての感慨《かんがい》か。自宅をなくして転々とした避難の日々についてか。宮城県沿岸で目にした、惨状《さんじょう》というにあまりある風景についてか。あるいは、気仙沼市で津波の犠牲となった知人の柩を運び、死後二週間の遺体と対面した日のことか。もしくは、原子力発電のここまでとは思いもよらなかった底知れぬ愚劣《ぐれつ》さに対する呪詛か。

あの日から一か月が過ぎて、脳裡《のうり》をまさぐると、信じられない光景と感情が交錯する。どれを書いてもとても書き足りない。それよりも、本をめぐる物語を語ろう。

いま、私はこの原稿を、仙台市からクルマで一時間ほど離れた山形市の仮事務所で書いている。営業再開に一か月かかるか二か月かかるか、あるいはもっとなのか、そして経営的にどれだけ持ち堪《こた》えられるのか……あの震災ののち、社員わずかふたりの零細出版社は不安に包まれた。これで終わりかと覚悟もした。だが、著者の、書店の、そして読者のみなさんの思いがけない支援に背中を押された。いや、どやしつけられた思いがした。再建を急がなければならない、呆然《ぼうぜん》としてはいられない……覚悟を決めて山形市内に仮事務所を設け、営業を再開している。

あの日、自宅マンションは揺れにより全壊。倒壊の危険性があり、昼間は住民の「自己責任」において家財の持ち出しはできるが夜間は立ち入り禁止……となれば、もはやここはすでに「自宅」といっていいのかどうか。営業再開も覚束《おぼつか》なかった。事務所のあるマンションはなんとか無事だったものの、本棚は倒れ、デスクトップのパソコンは宙を飛び、資料や書類が散乱して足の踏み場もない。ライフラインも通信も途絶。食料不足に燃料不足。余震もしつこく続く。

私たち夫婦に社員ふたり、そして不安を感じて合流してきたアルバイト関係者ふたりで車中泊を経て、避難者を受け入れていた近所のお寺の本堂に入る。あの津波で沿岸の本屋さんの店頭在庫は壊滅的被害を受けているだろう。海沿いの印刷会社の倉庫に預けてあった在庫も安否不明。また、直販制で東北を中心に全国の本屋さんとお取り引き願っているわけだが、商品の発送も不確実。手も足も出ない。借金もある。余力があれば立ち止まって立て直しもできようが、なにせ超零細企業である。立ち止まったら、即、倒産である。もう、ダメか……〈3・11〉直後、正直、そう思った夜もあった。

四日目の夜、東京から救援が届いた。急を知った我ら〈東北学〉のボス、民俗学者の赤坂憲雄《あかさかのりお》さんが、山形県上山《かみのやま》市生まれのルポライター山川徹《やまかわとおる》を招集。東京の旧知の編集者とも連絡を取って物資を手配。クルマもご提供いただき、山川をドライバーに送り出してくれたのだ。山川は新潟経由で仙台入りしてくれたのだが、ありがたかったのはガソリンの調達だった。これまた取材でお世話になった新潟県と山形県の県境《けんざかい》のマタギ村の旧知のみなさんが持たせてくれたガソリンだった。

深夜、事務所のクルマにガソリンを補給して、我ら六人、まずは山形に向かった。上山の山川の実家にお世話になって、今後の体制を立て直そうと図ったのである。ちなみに山川は仙台の東北学院大学に通っていたころからウチに出入りしていた男であり、ご両親とも以前からおつきあいがあった。

山形に着いた私たちを待っていたのは我ら〈荒蝦夷《あらえみし》〉に寄せられた思いもよらぬ支援の動きだった。山形市内の本屋さんが〈荒蝦夷支援ブックフェア〉を開催してくれていたのだ。アンソロジスト・文芸評論家の東雅夫《ひがしまさお》さんの呼びかけに呼応してのものだった。東さんとは、二〇一〇年、柳田國男《やなぎたくにお》『遠野物語』刊行一〇〇年を期して〈みちのく怪談プロジェクト〉なる企画をともに立ち上げ、『杉村顕道《すぎむらけんどう》怪談全集　彩雨亭《さいうてい》鬼談』や『山田野理夫《やまだのりお》　東北怪談全集』など東北の怪談文芸の復刊企画に関わっていただき、あるいはアンソロジー『みちのく怪談名作選vol.1』の編纂《へんさん》を依頼、二〇一一年もさまざまな企画を準備中だった。二日目の夜、たまたま繋がった電話でこちらの無事はお伝えしていたのだが、その東さんが私たちの知らないところで即座に動いてくれていたのだ。

東さんはネットに、仙台の、我々の状況をアップ。「荒蝦夷のような小出版社の支援には、とにかく彼らの本を買うしかない」と呼びかけてくれた。この呼びかけに応じて各地の本屋さんが〈荒蝦夷〉ブックフェアを開催してくれたほか、本屋さんに留まらず読者のみなさんのあいだにさまざまな動きがはじまっていたのだ。ネットやメールなど見られる環境になく、そんな動きを知る術《すべ》もなかった我々にはうれしいおどろきだった。山形の本屋さんの平台に並んだ我らが本たちの顔を見て、ことばをなくした。バックヤードで五日ぶりにパソコンをのぞかせてもらい、私たちへの激励《げきれい》のメッセージを画面に見て、一日も早い営業再開を決意した。

被災地の閉塞感。目の前の生活を仕事をどうするかにばかり目が行く。全体が見通せない。食べ物がない、ガソリンがない。南へ向かえば原発が白煙を噴き上げ、北に向かおうにも高速道路も新幹線も止まっている。閉じ込められて手も足も出ないまま、焦るばかりのそんなときに、被災地の〈外〉で見守ってくれている人たちの存在を知った高揚《こうよう》や感動やおどろきは、阪神・淡路大震災をはじめとして全国で〈被災〉を体験したみなさんならおわかりいただけるのではないだろうか。

　翌日から動いた。各地の本屋さんに連絡を取った。電話してもファックスしても繋がらなかった、心配していた、追加注文はできるか……「平台あけて待っている、既刊をすべて送ってくれ」と頼もしい言葉を頂戴《ちょうだい》した本屋さんもあった。仙台から山形に在庫を移さなければならない。救援の拠点となっていた山形からは商品の発送も可能だった。山形市内に仮事務所を求めた。短期で借りられる家を見つけて、六人で入った。小雪のちらつく山形で、不安な気持ちをかかえながらたずねた不動産屋さんのみならず、さまざまな立場の山形人の、同じ東北人としての対応——「あなたたちのような人たちがたくさん山形に避難してきています、だいじょうぶ、私たちがなんとかします」——が忘れられない。

　この山形の仮事務所にして自主避難所に、仙台の在庫を運び込もうとしたのだが、今度はガソリンがない。またもマタギ村に救援を求め、あるいはスタンドに並び、なんとかガソリンを手に入れては少しずつ山形へと在庫を運び出した。印刷会社ともやっと連絡が取れた。倉庫は間一髪で無事だったが、手前の荷物が崩れていてウチの在庫の棚までなかなかたどり着けず、運び出しにしばらくかかりはしたが、まずは在庫の無事に胸を撫《な》で下ろした。

　山形の仮事務所から全国に本を送り出しはしたものの、私たちの日常の取引相手である被災三県の本屋さんの状況はいまだ混沌としていた。仙台市内の大型書店の復旧は引き続く余震などでままならない状態にあった。沿岸地域で津波の被害を受けた、それどころか、そう、命拾いをした本屋さんも過酷な状況にある。そんな本屋さんに少しずつ連絡を取り、足を運びはじめた。

奇跡的に被害を最小限で免《まぬが》れた塩竈《しおがま》市の本屋さんではご主人が店内の泥を掻《か》き出していた。「このあたりでは無事だった本屋はウチだけなんだ。こんなときこそみんなに本を届けなきゃな。被災地の本屋と出版社でがんばるぞ」と人生の大先輩に肩を叩かれた。

そして、気仙沼市の本屋さん。建物は無事だったものの、店内は津波に呑み込まれ泥の海となっていた。お互いの体験を語り合ううち「そうか、あんたたちがやるっていうなら、ウチももういちど商売してみるか」と泥を掻き出していたご主人が漏《も》らす。店の外には海水と泥でふくれあがった本が山となっていた。ふと見ると津波に揉《も》みに揉まれた『仙台学』があった。拾い上げて「記念に持ち帰っていいですか」とご主人にいうと「いや、これはウチの記念品だ。あんたじゃなく、俺が今日の記念品としてもらっておくよ」といわれた。うれしかった。不覚にも涙がにじんだ。

仙台の同業の編集者たちともさまざまに話し合った。震災に見舞われた都市の出版社として、どうしても早く雑誌を、本を出したい。地元の出版社の雑誌や本が地元の本屋さんに並ぶ光景は、私たちの読者へのなんらかのメッセージとなるはずだ。出さなければならない、と。それでも〈3・11〉以前の出版計画をとりあえずすべてストップせざるを得ない渦中《かちゅう》にあって、新刊の刊行には迷った。どうすべきか。

気がかりもあった。共同経営者の千葉由香《ちばゆか》の実家が宮城県北の登米《とめ》市にあった。家屋は揺れにより全壊。ひとり暮らしのお母さんが避難所や知人宅を転々としていた。こちらの安否確認はできたのだが、一緒に避難していたアルバイト女性の家族と連絡が取れない。実家は宮城県気仙沼市、お父さんは海の仕事。最悪の事態が予想された。

一週間目に家族と連絡が取れたのだが、お父さんは行方不明。家族は混乱の気仙沼への彼女の帰郷を止めた。更に一週間。遺体が発見された。ガソリンを掻き集めて、彼女とともに気仙沼へと向かった。柩を運び、遺体と対面した。ともに酒を酌《く》み交わした人の、亡くなって二週間目の遺体に手を合わせながら、猛然《もうぜん》と腹が立った。本を出そうと思った。

気仙沼から山形へと戻って、被災地に生まれ育った、あるいは縁ある書き手のみなさんに〈被災〉を語っていただこうと原稿を依頼したのは三月の末だった。私たち〈荒蝦夷〉の出版活動の原点〈東北学〉の提唱者・赤坂憲雄さん、『仙台学』に連載などをお願いしていた伊坂幸太郎《いさかこうたろう》さん、熊谷達也《くまがいたつや》さん、三浦明博《みうらあきひろ》さん。著書・編書を刊行させていただいた木瀬公二《きせこうじ》さん、高成田享《たかなりたとおる》さん、東雅夫さん、そして山川徹。山形県からは高橋義夫《たかはしよしお》さん、佐藤賢一《さとうけんいち》さん、山川と同じくやはり学生時代からウチに出入りしていた黒木《くろき》あるじさん、岩手県からは斎藤純《さいとうじゅん》さん、高橋克彦《たかはしかつひこ》さん、そして福島県からは星亮一さん。東北に生まれ、あるいは育ちながら、現在は東北の外に暮らされている大島幹雄さん、山折哲雄《やまおりてつお》さん、吉田司《よしだつかさ》さん。写真は山川とともに被災地に入ったフォト・ジャーナリスト亀山亮さん（二〇一三年にリトルモア『AFRIKA WAR JOURNAL』によって第三二回土門拳賞を受賞）の手を借りた。

みなさんに「このたびの震災を通じて、考えたこと、感じたこと」をテーマに執筆をお願いしたところ、締め切りまで一〇日ほどしかなかったにも拘らず、渾身《こんしん》の原稿をお寄せいただいた。鎮魂、慟哭、憤怒、焦燥。文章から立ち上る思いはそれぞれだが、すべて東北に生まれ、東北に生き、東北に縁ある書き手の生々しい肉声である。〈3・11〉以来、みなさんが東北人として胸に溜めていた思いの爆発があった。被災地から送り出すべき「ことば」が、あった。ずっしりとした重みを確かにこの手に感じた。

こうして『仙台学vol.11　東日本大震災』の刊行に漕《こ》ぎ着けたのは四月二六日。幸いにもご好評いただき、版も重ねた。だけではない、次々と新たな企画が生まれ、舞い込んでもいる。すべてテーマは震災である。震災を語り続けるための仕事に取り組もうと決めている。それが被災地の出版社の為すべき仕事でもあろう。

それにしても、震災以来、本にまつわる同業者に、物心両面にわたってさまざまにご支援いただいた。いや、いまもいただいている。思わず弱音を吐く私に「だいじょうぶ、荒蝦夷を潰させはしない」といってくれた関係者はひとりではなかった。ただ、感謝のみである。

これだけの大災害である。すべての市民が、職業人が、影響を蒙《こうむ》っている。もちろん、地元の出版界とて同様だ。著者や書店、そして読者。それぞれが今回の大震災で痛手を受けた。だからこそ、出さなければならない。伝えなければならない、発信しなければならない。著者も、読者も、編集者も、書店も、声を上げなければならない。原稿を書き、本を編み、本を売り、本を読んでもらわなければならない。五年後、一〇年後のために、再生のために。これはおそらくは東北で本に関わる職業人みなの思いだ。四月中には仙台事務所を再建する。原点に還《かえ》ろう。そう、思う。

神戸の記憶

あれは東日本大震災発生から六日目のことだった。沿岸が津波で壊滅、都市機能すべてが麻痺した宮城県仙台市からおとなり山形県へ一時避難。社員わずかふたりの超零細出版社、営業休止、即倒産なのに手も足も出ない。混乱のなか家族の安否が気遣われる者もいた。思い惑《まど》った挙《あ》げ句《く》、浮かんだのが神戸だった。

神戸の人たちなら、いまの東北の状況をわかってくれるのではないか……などとそのときは理詰《りづ》めで考えたわけではない。それでもまずは神戸で私たちの本を扱ってくれていた海文堂《かいぶんどう》へと電話をかけた。「いや、エラい目に遭っちゃって」と話す間もなく「既刊をみんな送って下さい。平台あけて待ってます」……きっぱりと人文書担当の平野義昌《ひらのよしまさ》さん。しばらくして届いた写真がある。平台のポップに「激励の言葉より本を売る！」とあった。平野さん、ありがとう。そして、神戸新聞をはじめ、神戸を中心とした関西のメディアが、海文堂の動きをフォローしてくれた。神戸から、大阪から送られてくる記事を見るたびに胸が熱くなった。

私と神戸の縁は、一九九五年一月一七日に発生した阪神・淡路大震災にはじまる。それまでも取材などで神戸には幾度か行っていたから、震災以前の華やかな神戸の記憶も持ってはいるが、神戸の人と町を深く知るようになったのは、やはり震災後だった。二〇〇〇年に仙台に拠点を移すまで、東京でフリーの編集者、そしてライターとして暮らしていた。テーマのひとつが災害だった。雲仙普賢岳の噴火、奥尻島の地震と津波、阪神・淡路大震災、三宅島の噴火、有珠山の噴火。各地の災害現場に足を運んだ。大自然の驚異に戦慄《せんりつ》して原稿を書き、本を編んだ。五年間にわたって神戸に通い続け、相棒の写真家・奥野安彦《おくのやすひこ》とともにリトルモアから『瓦礫の風貌　阪神淡路大震災1995』を、偕成社から『てつびん物語　阪神・淡路大震災　ある被災者の記録』を上梓もした。

『てつびん物語』は、奥野と私が出会った神戸の被災者、関美佐子《せきみさこ》さんの物語である。関さんとはじめて会ったのは、阪神・淡路大震災発生から一週間ほど経ったある日のことだった。やはり、寒い一日だった。神戸の町に小雪がちらついていた。被災者の声を拾い集めて歩くうち、いつしか狭い路地に迷い込んでいた。まわりは、瓦礫の山。と、全体が斜めに傾いた建物のなかで、なにやらごそごそと人の気配。建物の前には〈お食事処　てつびん〉の大きな看板が転がっていた。通り過ぎたものの、奥野がどうにも気になるとばかりに引き返す。傾いた〈てつびん〉をのぞき込むと、ひとりのおばちゃんが黙々と残骸《ざんがい》を整理していた。

なんや、あんたら、取材かいな。寒いやろお。いま、ぬくいお茶いれたるわ、まあ、入りいや……と、惨憺《さんたん》たる屋内に招《しょう》じ入《い》れられた。六七歳。〈てつびん〉を二五年にわたって切り盛りしてきた。夫を亡くし、子どもはない。石油ストーブの上でちんちんと暖かい音をたてる薬缶のお湯で「ぬくいお茶」をいれながら語りはじめた。

「神戸生まれの神戸育ちや。神戸を離れたことない。神戸で家をなくすの、これで三度目や。戦争のときは空襲で焼け出された。台風で家を流された。で、これで三度目やな。またかってなもんや。ほんでもな、この歳になって家なくすとは思ってへんかった。ちょっとしんどいなあ。ま、しゃあないわな。地震やもん。ウチだけやなく、みんな多かれ少なかれやられとうやろ。亡くなった人もよおけおるんやろ。生きとっただけでめっけもんや。くよくよしとったってはじまらん。こうなったら死ぬまで立派に生きたるわ。ま、世のなか、なんとかなるもんやで」

出会ったころ、関さんは避難所を出て、友人たちの住まいを転々としながら残骸を片づけていたが、やがて全壊の〈てつびん〉は取り壊された。そして、仮設住宅へ。仮設住宅に落ち着いた途端、関さんは〈てつびん〉の再建へと動き出した。正直いって、そのパワーにおどろいた。更地になった〈てつびん〉の跡地に知り合いの業者に頼んで中古のプレハブを据《す》えつけた。厨房《ちゆうぼう》機器とカウンターを運び込んで、わずか八席の新生〈てつびん〉がオープンしたのは、被災から八か月の秋も深まったころだった。

カウンターで呑んでいると、ドアが凄い勢いでがらりと引き開けられ、「いややわあ、おばちゃん、生きとったん！　こんなプレハブで商売しとるなんて信じられへん！」とかつての常連女性が飛び込んで来たり、しばらくのあいだ、新生〈てつびん〉は、再会の場となった。だが、ほどなく客足は途絶えた。それぞれが生活再建にいそがしく、〈てつびん〉で一杯やる余裕もなくなった。どころか近県への避難、神戸での生活をあきらめての移住など、神戸から人影が消えた。〈てつびん〉も、まったく客が現れない夜が続いた。それでも、関さんはあきらめなかった。

仮設住宅から市場へ。食材を買い込んで〈てつびん〉へ。経済的にきびしい状況を察して私たちが援助を申し出ても、さすが筋金入りの関西の商売人らしく「それよりも、もっと食べて、もっと呑んで、馬鹿な話でもして、それでお金を落としてってくれたほうがなんぼかいいわ」と、笑い飛ばして受け取らない。

それならば、と私たちは〈てつびん〉にお客を集めた。友人知人、東京からの報道陣。どれだけの人が関さんの手料理に舌鼓《したつづみ》を打ったことだろう。私たちにとって、神戸の夜は、そのまま〈てつびん〉の夜だった。

関さんは、仮設住宅で四年間を過ごして、被災者のために建てられた巨大な復興公営住宅に移った。震災で倒壊した海沿いの工場跡地に建つ高層住宅だった。バリアフリー設計の新築マンションに入るや、関さんは「いやあ、やっぱり自分の家は落ち着くなあ。仮設住宅よりどんだけいいか。だけど、私ら年寄りは、結局ここで死ぬんやろなあ。まあ、それにしても立派な棺桶《かんおけ》やから、いいか」と私たちに向かって宣《のたま》った。やさしいけれど、口の減らないばあさんだった。

この復興住宅から、関さんは〈てつびん〉に通い続けた。体力的な限界が迫っていた。持病の肺の病いが悪化していた。私たちや常連たちの心配を「だって、稼《かせ》がないと食べていけへんやろ」と、意に介さない。思いあまって生活保護の受給をすすめると、ふんと鼻であしらわれた。ただ、自分の限界は確かに感じていた。常連客のひとりに〈てつびん〉を譲ろうとしていたのをのちに知った。

とうとう、その日はやってきた。震災から七年目のある日、関さんは〈てつびん〉の行灯《あんどん》を消した。酸素吸入のチューブを鼻に入れて、新築の復興住宅の一室で、療養《りょうよう》の日々を送ることになった。生活保護も受けはじめた。それでも元気に「神戸に来て、なんであたしの料理を食べへんで帰るんや」と、私たちを復興住宅に招いてくれた。そして、およそ一年後、息を引き取った。病院での死ではあったが、実質的には孤独死といっていい、そんな死だった。瓦礫の町で出会ってから八年が経っていた。

阪神・淡路大震災の被災者である「てつびんのおばちゃん」関さんのように「震」をやりすごしながら「災」に苦悩する人たちが、これから東北にもたくさん現れるはずだが、個人的にいえば、あの日の揺れが終わった瞬間、関さんをはじめ、いままで取材の現場で耳にした全国各地の被災者の声が、一斉によみがえって、確かにそれに助けられた。揺れが止まった途端、みんなの声が眼前に炸裂《さくれつ》した。……「揺れが収まったらまずこうしなさい」「落ち着いたらこんなことに気をつけなさい」「大災害の復興は長期戦になるから覚悟しなさい」と。あるいは、災後の日々に、神戸では、奥尻では、島原では、こんなときこうしていたな、ああしていたな。各地で目撃したことどもが、声が、脳裏を過《よぎ》った。そして、いまの私がある。

全国の現場で、おそらく数百人の被災者の声を聞いてきた。それが、今回、私を助けてくれたといっていい。我ら〈荒蝦夷〉に支援を寄せて下さったみなさんだけでなく、神戸の、そして全国の「被災の先人」たちにもまた感謝を捧《ささ》げたい。

壊滅とはなにか、復興とはなにか

東北が、三陸沿岸の町や村が「壊滅」したのだそうである。そして、今度は「復旧」や「復興」しつつあるのだそうである。そうではなくて「再生」や「再建」や「再興」するのだそうな。いやいや、「新」たに生まれ変わらなければならないのだなどという話もある。ところで、いったいなにが「壊滅」したのだろうか。

凄惨《せいさん》な現場を目にして「壊滅」を語るのはたやすい。「壊滅」する前に、そこになにがあったのかを知らなければ、軽々に「壊滅」などということばは使えないのではないか。「復」や「再」や「新」もそうだろう。「復する」にしても「再び」にしても「新たに」にしても、〈3・11〉以前にそこになにがあったのかに思いを致してはいただけまいか。

まずは、東北を知って欲しい、学んで欲しい。このような緊急事態に迂遠《うえん》と思われるかもしれない。そうではあっても、東北とはどのような地であったのかを知らずして「壊」も「滅」も「復」も「再」も「新」もあり得ない。話はそれからだ。そうでなくては東北は浮かばれない。二万人もの死者・行方不明者は浮かばれない。

二〇〇〇年に仙台に拠点を移して〈東北学〉の赤坂憲雄さんと行をともにしてきた。東北にこだわり、この列島の〈正史〉の洗い直しに関わってきた。『別冊東北学』（作品社）の編集を担当して二〇〇五年には宮城県仙台市に有限会社荒蝦夷を設立。雑誌『仙台学』や〈叢書《そうしょ》　東北の声〉シリーズを刊行。徹底的に東北を歩いてきた。そんなとき、岩手・宮城内陸地震が発生した。二〇〇八年六月一四日のことである。

宮城県内で大きな被害を被ったのは栗駒《くりこま》山中の戦後開拓地、栗原《くりはら》市耕英《こうえい》地区だった。やはり「壊滅」が伝えられたが、私たちに浮かんだテーマは「なにが破壊されたのか」だった。そこで、被災者のみなさんの協力を得て実現したのが『仙台学』八号の特集「岩手・宮城内陸地震　山へ還る」だった。耕英地区には、地域史をまとめた記録がなかった。被災者のみなさんと相談を重ね、そしてご協力を得て、戦後の開拓からはじまった耕英地区の歩みを取材、被災一年後に成った特集だった。眼前のドラマチックな現場のみを記録するのではなく、その背景にある「壊滅」したもの——地域の歴史やそこで繰り広げられていた暮らしそのもの——を誌面に刻めた。災害をテーマとしてきた仕事の集大成となった……と、自負して三年、自らが被災者となったわけである。

実は、岩手・宮城内陸地震以前の災害取材で気にかかっていたことがある。災害が起きると「壊滅」と現場に立った取材者の誰もが口にする。だが、実はこのことばにはあまり意味がない。破壊された家並みを見れば、そこにあるのは確かに即物的な「壊滅」だろう。だが、それではなにが壊れたのか。滅したのか。災害以前にそこにどのような暮らしがあったのかに思いを寄せない限り、壊されたもの、滅したもののほんとうの意味は理解できないのではないだろうか、伝えられないのではないだろうか。被災者の胸中《きょうちゅう》にも寄り添えないのではないだろうか……。かねてからのそのような疑問に取り組んだのが被災地にともに生きる者としての『仙台学』の岩手・宮城内陸地震の特集だった。

耕英地区の戦後史と住民への聞き書きを中心として、一九七八年の宮城沖地震の記録の復刻など一二〇ページに及ぶ特集の編集作業を通じて見えてきたのは、「壊滅」したのはその地に暮らす人たちの生活であり歴史なのだとの当たり前すぎる事実だった。「壊滅」以前、そこにどのような生活や歴史があったのかを知って、はじめて災害の本当の規模や実相を痛感した。

岩手・宮城内陸地震から四年。再びの、より巨大な地震である。更に現場を歩かなければと観念している。東日本大震災では愚劣きわまりない原発事故まで連鎖して、さて、今度こそこれで終わりなのか。それとも、これからも続くのか。誰にもわかりはしないだろう。それが、災害の巣窟《そうくつ》ともいえる列島に暮らす私たちの定めなのかもしれない。

さて、震災からの「復興」とはなにか。

たとえば、阪神・淡路大震災から一五年を経た神戸は復興したかのように見える。だが、いま私たちが目にしている神戸は、決して震災以前の神戸が「復旧」や「復興」を果たした姿ではない。むしろ、似て非なる神戸だ。〈復〉なる神戸ではなく、〈新〉なる神戸なのだ。

今回の東日本大震災は、福島第一原発事故など、かつての震災とはまったく違う様相を帯びてもいる。旧なる仙台に復することなど、なおさらあり得ないと覚悟すべきだろう。「震」への対処は眼前の物理的な事実への取り組みだが、「災」へのそれはその地に暮らす人たちが過去と現在の日々に対して向き合おうとする意志の、内面の問題なのだ。ここに暮らす私たちが、被災の体験を胸にしながら新たなる東北を、仙台を、どのように再生すべきなのかを問われるのはこれからなのである。

まずは、東北に暮らす、あるいは縁ある作家やジャーナリストなどのみなさんとともにこのたびの震災を特集した『仙台学vol.11　東日本大震災』を作り上げたが、大きな手がかりは、そこに暮らしていた人たちの記憶だ。破壊の爪痕は、どんなに時間がかかろうともやがては消える。消したくとも消せない各々の記憶をこそ丹念《たんねん》に記録しなければならない。そこから生活や歴史が見えてくる。それを破壊した災害の素顔が見えてくる。時間はかかる。だが、来たるべき時代のための記憶の記録、これこそが地域の出版社の仕事なのではないかとの強い予感を、いま感じている。

〈災〉の記憶を記録する

全国の被災地に通い詰め〈取材〉を繰り返してきた私だったが、仙台で仲間たちと出版・編集を生業として、今回は自らが被災者となった。だけでなく〈被災地〉といっても、通い慣れ、なじみ、暮らしてきた土地であり、〈被災者〉といっても被災地のそこかしこに知った顔がすぐ浮かぶ。雑誌を、本を編みながら、距離感を摑《つか》みかねた。

自らの生活再建と業務再開に寧日ない四か月を過ごして、〈3・11〉前から仕事をともにしてきた、酒を酌み交わしてきた友人たちや仲間たちの話を聞くことからはじめよう、それぞれの〈災〉の記憶に耳を傾けよう、そう思った。取材者としてでなく、ともにここに生きる者として。

河北新報社写真部の佐々木《ささき》浩明《ひろあき》。四三歳。同紙の連載企画で二〇〇七年から四年にわたって東北各地をともに旅した。仙台駅そばのファミリー・レストランで話を聞いた。

――やっと揺れが収まったと思ったら、仙台市中心部の本社オフィスはぐちゃぐちゃでした。床に落ちた機材を手に取って、すぐにクルマに乗り込み、空撮のために仙台空港に向かいました。空撮といっても揺れによる被害の撮影で、津波については頭になかった。

空港までは四〇分ほどかかります。ワンセグでニュースを観ていると、大津波警報が出た。津波到達の映像が流れはじめた。青森の、岩手の沿岸がやられた。呆然としながらも、最初は冷静でした。気仙沼市の映像がテレビに映って冷静を破られた。気仙沼は私の故郷です。両親や親戚、友人・知人もたくさんいる。仙台の自宅に電話しても、気仙沼の実家に電話しても繋がらない。不安がふくらみました。焦りました。

空港に着いて、クルマを降りた途端、すぐそばのビルの屋上から声をかけられました。津波が来るぞ、早く逃げろ！……自分でも不思議なのですが、その瞬間まで仙台空港と津波が繋がっていなかった。逃げろといわれてはじめて「空港は海のすぐそばだった」と気がついた。機材を担いでドライバーとビルに駆け込んだのは、三時四〇分ごろ。屋上には三〇人ほどが避難していました。

間もなく、津波が押し寄せてきました。白波を立てて押し寄せてくるのではなく、じわじわと侵入してくる。水位がどんどん上がって、建物やクルマが流されて来る。滑走路が水没して、飛行機やヘリまで流されはじめて、瓦礫で水面が覆われて、第二波が第三波が押し寄せて来て……みんな声もなく見詰《みつ》めていました。音の記憶はない。静かでした。私はシャッターを切り続けました。

津波が収まったのは四時三〇分近かったと思います。まわりは瓦礫の海。そこにビルがぽかりぽかりと突っ立って、屋上には避難した人たちがいました。滑走路に浮かぶクルマの屋根に男性が見えた。となりのビルには姿は見えないものの人が閉じ込められていました。私が避難したビルのすぐそばに浮かんだクルマにも男の人が掴まっていました。それぞれ、助けてくれと叫んでいました。ところが水没していて近づけない。

クルマに掴まっている男性はかろうじてなんとかなりそうでした。みんなでケースに巻き込んであった消防ホースの先端を輪に結んで投げた。だけど長さが足りない、届かない。口々に「もっとこっちに寄れ」と声をかけた。瓦礫を掻きわけてこちらに泳ぎ出しましたが、怪我をしているのか、なかなか前に進めない。ホースに手が届いても輪のなかにからだを入れる余力がない。みんなで声をかけた、力づけた。けど、ダメでした。やがて、動かなくなりました。屋上の僕たちは呆然と目の前で彼が死んでいくのを見守るしかなかった……あの光景は、忘れられません。

日が暮れて暗くなってきました。瓦礫が一面に浮いた水面の向こうに仙台の高層ビルのシルエットがぼーっと見えた。海岸線に目をやると、多賀城《たがじよう》市の火災の炎が空を焦《こ》がしていた。この世のものとは思えない夜景でした。一睡もできずに夜が明けた。みんなで会議用テーブルを水に並べて脱出しました。

以来、しばらく家に帰ることもなく、被災地の撮影を続けました。仙台の家族も気仙沼の実家も無事でした。気仙沼の親戚にかなり犠牲があって、精神的にちょっときつかったのですが、ありがたかったのは、被災者のみなさんに「河北さんだね、読んでるよ」とよく声をかけられた。避難所では新聞をこころ待ちにしてくれていました。やはり、地域の新聞です。ああ、そうか、みんな僕らの紙面を待っていてくれるんだな、と。地元の新聞のカメラマンでよかったと思っています。

須藤文音《すとうあやね》、二四歳。我ら〈荒蝦夷〉の初代アルバイトである。現在は塩竈市の福祉施設職員。やはり、仙台駅近くのファミリー・レストランで聞いた。

——大学生の妹と二人で仙台のアパートで暮らしています。実家は気仙沼です。地震の日は、両親と祖父母、それと仙台から帰省していた妹が実家にいました。幸い地震のその日に電話が繋がって、家族の無事は確認できたのですが、港のそばの会社にいた父の安否が不明でした。それから電話が繋がらなくなって、やっと連絡が取れたのは一週間後。父は見つかっていなかった。母は遺体安置所を探しまわっていた。実家に帰らず仙台にいるようにいわれました。父が発見されたのは地震から二週間後です。

この二週間、どんな気持ちだったか、あまり覚えていない。混乱していた。パニックでした。ただ、父の死は受け入れていました。無事だったらなんとしてでも連絡をくれるはずだ、きっとダメだったんだ。これは家族みんなが思っていた。だから、母も遺体安置所をまわりはじめたのでしょう。

父が見つかって、気仙沼に戻りました。白木《しらき》の柩に入れられた父が遺体安置所から帰って来ました。お棺のちいさな窓から父の顔が見えました。顔は、父だとわかりました。ただ、お棺の蓋に隠れたからだはどうなっているのか……。死亡診断は胸部圧迫骨折による即死でしたから、上半身はある。だけど下半身はあるのか、傷はどうなのか。妹と二人でそんな話をしていました。

火葬場がいっぱいで、遺体をなかなか焼けなかった。土葬がはじまっていましたが、二週間後なら焼けるという岩手県の火葬場にお願いしました。お骨を拾ったら、きちんと足の骨もあった。妹と「お父さん、みんなあったね」って。それと、よかったというとおかしいのですが、即死だった。冷たい水に浸《つ》かって苦しみながら死んだわけじゃなかった……やっぱりよかったな、と。

葬儀を終えて仙台に戻って、暇《ひま》さえあれば街に出ました。別に用事があるんじゃないんです。ひとりでいるといろいろ考えちゃうから、それより人ごみにまぎれていたかった。ただ、最初は違和感がありました。仙台の繁華街は一見すると普通です。お店も開いている、みんないつも通りお化粧している……気仙沼とのギャップがすごかった。

だけど、ある日、気がついた。もしかするとこの人ごみにも、私と同じような人がいるんじゃないか、と。家族を亡くして、家を流されて、いろんな思いをしていて、それを忘れたくて街に出ているんじゃないか、と。そう思えるようになって、少し気持ちが落ち着きました。

一緒に暮らす妹とは、どうしても父の思い出話をしてしまいます。ふたりともできるだけ楽しかった思い出を話そうとしているかな。ほんとうに元気で楽しい父でしたから。だけど、さびしいです。実家に帰ってみんなでご飯を食べても、そこに父が陽気に晩酌《ばんしゃく》している姿がない。ぽっかり隙《す》き間《ま》があるようで、さびしいです。家族みんなそうです。お客さんがいるといいんだけど、家族だけになると、どうしても……。あまりに突然でしたから。

私が悲しいのは、父とのさいごの会話がどうしても思い出せないんです。帰省して、父と別れたときにさいごになにを話したのか……。きっとなんてことのない会話だったんです。「それじゃあ仙台に帰るから」「おっ、気をつけてな」みたいな、ほんとに日常的なやりとりだった。だから覚えていない。悲しいです。どんな会話でも、覚えていたかった。

四か月が過ぎて、テレビとかで気になってしまうのは「もう、四か月」ってことばです。この「もう」にどきっとしてしまう。私たち家族にとっては「まだ」なのにって思ってしまう。ただ、悲しい気持ちはあまり外に出さないようにしています。だって、私たちのような家族がたくさんいる。私たちばかりが悲しいわけじゃない……複雑です。こんな大災害ではなくて、普通にというとおかしいけれど、父が交通事故とか病気で亡くなったのなら思い切り悲しみを外に出せたかもしれない。だけど、私たちだけじゃないから。とはいえ私たちだけじゃないからこそ耐えられているところもある……やっぱり複雑です。
ただ、目標はできました。私、殖《ふ》やそうと思うんです。結婚したら、たくさん子どもを産みます。家族がひとりいなくなったんだから殖やさなくちゃ。二万人もいなくなっちゃったんだから、殖やさなくちゃ。増殖計画、これが私の人生の目標です（笑）。

仙台のタウン誌『Kappo 仙台闊歩』（プレスアート）の編集長、川元茂《かわもとしげる》。四四歳である。彼と私はまさにあの日の前夜、仙台の繁華街・国分町《こくぶんちょう》で打ち合わせと称して呑んでいた。仙台駅前のホテルの喫茶ロビーで聞いた。

——地震のときは取材で街にいました。揺れが来て会社に戻りました。僕、あまり地震に敏感なタイプじゃない。仙台は地震が多いので、最初はいつものように「お、揺れた」くらいだったのですが、今回はさすがに大きかった。とうとう宮城県沖地震が来たかとは思いましたが、個人的にはそれほど動揺はなかったかな。
広瀬《ひろせ》川のそばの会社に戻ると、社員は帰宅するようにと指示が出ていました。

が、僕は残った。というのは、ウチの社にはFM局があって、非常電源を使って放送が続いていた。塩竈市の自宅の家族の無事を電話で確認できたので、ラジオのスタッフを手伝うために残ったんです。

停電のために、被災地ではみんなテレビが観られなかった。津波の中継を観た人は被災地では少なかった。僕は非常電源のテレビでずっと観ていました。津波の映像には呆然としました。よく知っている光景が濁流《だくりゅう》に呑み込まれていく。それでも、ある程度は冷静だったと思います。テレビが伝える情報をすぐにメモしてラジオのスタジオに届けました。みんなテレビが観られなくて、情報が途絶しているはずだ、テレビの情報をラジオの電波に乗せて、とにかく伝えなければならない。そう思った。やるべきことがあったから冷静でいられたのでしょう。

日が暮れてから、塩竈の自宅に向かいました。塩竈も津波でやられましたが、僕の家は内陸の高台です。帰宅のルートも内陸で、津波被害はありませんでした。ただ、信号も街灯も消えていていつもより時間がかかりましたが、無事に家に帰り着きました。海は見えなかったけど、多賀城のコンビナート火災で、夜空に赤く炎が見えました。

次の日は土曜日でしたが、仙台市内で取材の予定がありました。僕、行こうと思っていたんですよ。いや、こんな状況で取材は無理だろうとは思ったんだけれど、現地で待ち合わせていたスタッフと連絡が取れなかったので、とにかく行こう、と。これまたかみさんに「そんな場合じゃないわよ、誰も来ないわよ」といわれて、まあ、それもそうだな、と（笑）。

そこで、食糧の買い出しに出かけました。市内に下ると、水がまだ引いていなくて、あっちへこっちへ迂回《うかい》しなければならなかった。塩竈市内もかなりやられていたんだけれど、ちょっとほっとしました。ほら、前の日、テレビを観ていたでしょう。沿岸地域の壊滅が叫ばれていた。壊滅した、廃墟が広がっている、テレビの報道はそんなイメージばかり。映像も強烈で、塩竈も壊滅と伝えられました。だけど、実際に市内に出てみると、泥を掻き出したり、家財道具を持ち出したり、街に人がいたんです。みんなしっかり動き出していた。よかった、壊滅してなかったと、そういう意味でほっとしたんです。

月曜日からは普通に通勤したのですが、印刷所もストップしていれば、紙不足です。社員やその家族の安否確認もある。それでも地元の雑誌としてなんとか出したかった。やっと次号刊行の目処が立ったのは、三月の末。四月の末に発売に漕ぎ着けました。この号では震災特集を組みましたが、僕らの作っているのはタウン誌です。タウン誌はその地域の経済と密接に関わっている。震災報道の媒体ではないわけです。そんな僕らが今後、どうしていけばいいのか。仙台の経済が、お金がまわって、それが復興に繋がる、そのための誌面が求められているのではないか、それこそがタウン誌の役割なのではないか。

ただ、事態が事態です。仙台市中心部は平静を取り戻しているにしても、たとえばレストランの紹介をするにしても、震災前と同じようなわけにはなかなかいかない。これは震災前からなのですが、人に焦点を当てる誌面作りに取り組んでいました。工芸品を紹介するなら、モノだけでなく、職人さんの思いや暮らしまで記事にしたい。それをこれからもやっていこうと思っています。被災地で商売を再開する人たちがいたら、その商品だけでなく、被災から立ち上がる思いまでも伝えたいんです。

個人的には、塩竈といっても仙台圏で生まれ育ったといっていい。東京でも暮らしたけれど、ここに戻ってきた。仕事が仕事ですから、もちろん仙台は好きです。ただ、震災前は当たり前に「好き」だった。いつもそこにあると疑ってもいなかった自分の故郷が好きだった。それが破壊された。消えてしまった。失ってみたら、なんだかこれまで以上にこの土地への愛着が湧いてきた。おかしなものですが、なくしてしまってはじめてわかる大切さとでもいえばいいのかな。まあ、そんなものかもしれませんね。

体験談を聞くべき友人や仲間たちはまだまだいる。〈荒蝦夷〉共同経営者の千葉由香は、宮城県北登米市の実家が揺れにより全壊。ひとり暮らしの母を仙台に引き取った。沿岸に暮らす兄の家の被害状況を見ようと自転車で海に向かって遺体収容現場に出くわしたアルバイト女性もいれば、ボランティアに通い詰めたアルバイト女性もいる。〈3・11〉の半月ほど前、夜の石巻《いしのまき》でともに呑んだ友人は、やっと繋がった電話の向こうで「友だちがみんな死んじまった」と絶叫した。「週末ごとに葬式だ、たまらないよ」……昼間から仲間たちと酒を呑み、泣きながら電話してきた者もいた。いま、私のそばには、それぞれの〈3・11〉を胸にした、そんな友人や知人や仲間がいくらもいる。

あるいは、あの町の、たとえばお寿司屋さん。おいしい寿司や刺身を摘《つま》み、うまい酒を呑んだ。そのお寿司屋さんが流された。親方は無事だった、営業再開を目ざしている。だが、再開してもそこにあの「空間」はない。記憶のなかのあの空間は、あの「町」は帰らない。「復旧」や「復興」のやりきれなさがここにある。「復」よりも「再生」や「再興」なのか。「復《ま》た」よりも「再び」なのか。わからない。これが喪失感というものなのだろう。学生時代を含めると仙台に一四年余りを過ごす私の喪失感である。この地に生まれ育って生きてきた人たちのそれはいかばかりか。

仙台は平静だ、だいじょうぶだ……四か月を過ぎてそんな声を耳にするようになった。新幹線で仙台に降り立てば、ここは被災地なのかと意外の感を持たれるかもしれない。確かに神戸のような都市災害の惨状はない。仙台市中心部は日常を取り戻したかのように見える。道行く人々だって日常のままに見えるだろう。とはいえ、クルマで三〇分も海に向かえば〈壊滅〉が広がる。山沿いの地滑り被害もそのままだ。倒壊こそしていなくても鉄筋・鉄骨が破断して、取り壊しを待つばかりの建物もあまた在る。

そんな仙台で暮らす胸の裡《うち》の喪失感はどうか。家族や友人・知人・同僚が無事であっても、日常を断ち切ったあの揺れの衝撃はみな等しく体験している。目の前の彼ら彼女らが無事であっても、その親族の安否はまた別だったりもする。あるいはここで働きながら、故郷・福島の、岩手の惨状に胸塞《ふさ》ぐ人たちも多い。それぞれの〈災〉への思いを生きる。これがいまの仙台である。

地震であれ津波であれ、あるいは原発事故であれ、それが五〇年後なのか一〇〇年後なのかは問わず、〈震〉の爪痕はやがては消えるだろう。瓦礫が撤去され更地になった土地には、町だってできるかもしれない。それでは、胸の裡の〈災〉の記憶はどうか。この不可視の〈災〉の記憶にこそ本質が潜んでいるのではないか。〈災〉の記憶をよすがに、被災地に思いを至していただければと願う。

第1章　被災地の出版社

２０１２年３月～

一通の手紙

なにしろ、社名が〈荒蝦夷〉である。たかが地震なんぞで、絶対に潰れるわけにはいかない。そう覚悟を決めたのはいつだったろうか。〈荒蝦夷〉は『日本書紀』に記述のある東北の民の呼称である。徐々にみちのくに向かって圧力を強める大和朝廷。征服者に帰順《きじゅん》する者たちもいれば、抵抗した者たちもいる。抵抗者たちが〈荒蝦夷〉と呼ばれた。

日本史に名を残す〈荒蝦夷〉の代表は、なんといっても阿弖流為《あてるい》であろう。征夷大将軍・坂上田村麻呂《さかのうえのたむらまろ》の軍勢と死闘を繰り広げ、遂には京で処刑された阿弖流為の物語は、岩手県盛岡市在住の直木賞作家・高橋克彦さんや、宮城県仙台市在住の同じく直木賞作家・熊谷達也さんの一連の作品に描かれている。

現在の宮城県多賀城市にあった国府を焼き討ちした伊治公呰麻呂《これはりのきみあざまろ》も歴史に名を残す〈荒蝦夷〉のひとりだ。呰麻呂を主人公とした熊谷作品に『荒蝦夷』がある。実はこの作品は「東北学」を旗印《はたじるし》として赤坂憲雄さんが責任編集にあたり、私たちが編集制作を担当した『別冊東北学』に連載いただいたものだった。フリーランスの編集者集団だった私たちは、法人化にあたってこの作品タイトルを社名に戴《いただ》くこととした。

そして、このたびの大震災である。私は自宅マンションを揺れによる全壊で失い、共同経営者の千葉由香は宮城県北登米市の実家がやはり揺れにより全壊。宮城県気仙沼市出身のアルバイト女性は、父親を津波に呑まれた。被災直後は明日をも知れぬまま会社の解散も考えたが、我ら〈東北学〉のボス・赤坂さん、宗教学者の山折哲雄さん、あるいはアンソロジスト・文芸評論家の東雅夫さんなどなど縁ある著者のみなさんの「〈荒蝦夷〉を潰させはしない」との支援の輪、全国の書店さんたちの温かくも強力なバックアップ（一時避難した山形市に届いた神戸・海文堂の「激励の言葉より本を売る！」のポップに、一同、絶句した）、そしてなによりもうれしかった読者からの声が、私たちの背中を営業再開に向けて押してくれた。

物心両面にわたって、みなさんにさまざまに助けていただいたが、山形の仮事務所に届いた一通の封書を思い出す。差出人の名前がない。封を切ると一万円札が。一枚ではない。便箋《びんせん》には「再起のために使って欲しい」といった意の文章が綴《つづ》られていた。新聞などで報じられた私たちの状況に対する読者からのご厚意だった。文末の署名に「呰麻呂」とあった。私たちのこれまでの活動をご存じか、少なくとも社名に籠《こ》められた意味をご存じであったのは間違いない。

そして、関西の消印。手紙を回覧しながら、一同にしばし沈黙が流れた。「きっと、捕われて関西に流された阿弖流為の子孫が送ってくれたんだな。ありがたく頂戴しようよ」と、笑いにまぎらわせはしたものの、ちょっと私たちの空気が変わった。しゃきっと背中が伸びた。

ある種のシャレではあるだろう。冗談でもあるだろう。だが、ふと思いが過ぎる。そうだよな、俺たち〈荒蝦夷〉を名乗っているんだもんな、こんなことで潰されるわけにはいかないよな、潰れちまったら〈荒蝦夷〉の負けだもんな、と。もしかすると、あの瞬間がなにかを変えてくれたのかもしれない。いま、そう思っている。ありがとうございました。

山形の仮事務所で営業再開を果たして仙台に戻ったのは二〇一一年の八月だった。公私ともに震災に翻弄《ほんろう》され続けているが、凄惨な現場と激変した新たな日常を行き来しながら、とにかく本を作り続ける日々ではあった。ほかにすることがなかった。「稼ぐための仕事」としてだけではなく、目の前に為すべき仕事があって、ほんとうに助けられた。あの状況のなかで我を忘れて取り組めることがなければ、精神的にきびしい状況に追い詰められていたに違いない。その意味で、私たちは運がよかった。

ちっぽけな出版社が、あの大混乱をよくぞ生き延びられたものだが、さらには出版梓《あずさ》会新聞社学芸文化賞までいただいた。著者のみなさんや東京の出版関係の仲間たち、そして全国の書店や読者のみなさんのバックアップとともに、出版を生業として震災に立ち向かう日々に背中を押していただいたものと肝《きも》に銘《めい》じたい。東北の苦闘はまだまだ続く。

私たちはここで本を出し続ける。

被災地の続ける力

一冊の本が届いた。ノンフィクション作家・稲泉連《いないずみれん》さんの『復興の書店』（小学館文庫）である。岩手・宮城・福島、被災三県の書店のみなさんの、あの日からの再生の歩みを取材したノンフィクションだ。

取り上げられているのは、東北を基盤とする私たちが震災前からお取り引き願っている本屋さんがほとんどだ。それぞれの体験を読んで「みんな大変だったよな」と、あらためて思った。もちろん被災地の現実は「大変だった」などと過去形ではない。営業再開したとはいえ仮設店舗も多い。地域の〈復興〉とやらにどれくらいの年月がかかるのか。来年は再来年は、そしてその先はどうなるのか。明日が見えない状況が続いている。ほんとうの〈復興〉は、これからはじまる。

私たちとて同様である。被災地の出版社としてなにを発信すればいいのか、私たちはどんな本を作ればいいのか。新たな日常を送りながら、なにを為すべきか、常に迷いがつきまとう毎日である。

だが、きっと本はだいじょうぶだ。こんな話を聞いた。沿岸の仮設住宅から、仙台市内の本屋さんに注文が入る。そう、たとえば「司馬遼太郎《しばりょうたろう》の文庫をぜんぶ」。仮設住宅からパチンコに通う被災者のニュースがある。だが、もちろんパチンコ好きだけが仮設暮らしをしているわけではない（付言すれば、あるボランティアが「パチンコ屋さんに出かける意欲がある、それだけでぼくたちはその人はとりあえずはだいじょうぶだと安心できるんです」と漏らすのを聞いた）。大好きな司馬遼太郎の本を津波に流された本好きも仮設にはいる。もういちど読みたくとも近所の本屋さんも流された。高齢者の場合だと、ネットで本を買う習慣などない。それどころかパソコンに触ったこともない人だっている。電子書籍なんてとんでもない。そこで、ちょっと遠くてもいいから仙台の本屋さんに注文する。そんな読者がいてくれる限り、なんとかなる。そう信じたい。

被災地と本についてさまざまに考えさせてくれる『復興の書店』だが、実は私たちも登場している。著者の稲泉さんには私たちが刊行している雑誌『仙台学』に震災前から原稿を寄せていただいていた。『復興の書店』は『命をつないだ道　東北・国道45号線をゆく』（新潮文庫改題『命をつなげ　東日本大震災、大動脈復旧への戦い』）に続く東日本大震災をテーマとした二作目となる。私たちが編集を担当したＩＢＣ岩手放送ラジオの震災報道記録『その時、ラジオだけが聴こえていた　3・11　ＩＢＣラジオが伝えた東日本大震災』（竹書房）にも渾身のルポを寄せていただいた。被災地を取材し続けてくれる書き手の存在もまた、これからの被災地を生きる人たちの支えにきっとなる。

書き手の問題だけではないかもしれない。書き続け、伝え続け、編み続ける。そして、読み続ける人たちがいる。それぞれの立場の「続ける力」こそが復興へと続く道なのではないか……そんなことを考えながら、今日も被災地の零細出版社のオヤジは、なんとか生き延びようと北へ南へ右往左往を続けている。

ラジオの声

あの〈3・11〉の夜、ラジオの声に懸命に耳を傾けたみなさんも多いのではないか。停電の闇《やみ》のなか、ラジオは情報を得るための頼みの綱となった。災害下のラジオの重要性は阪神・淡路大震災でも指摘された。毎日放送の『阪神大震災の被災者にラジオ放送は何ができたか　「被災していない人への情報はいらない！」と言い続けた報道者たち』（同朋舎出版）などの記録集が刊行され、自ら被災しながら放送を続けたラジオ関西の苦闘も話題となった。

今回も被災地のラジオは動いた。特筆すべきは全国放送ではなく地域に根差した放送を続けるローカル局の果たした役割だろう。全国放送ではなかなか伝えてくれない、それでいて被災地の聴取者がいちばん切実に知りたい細やかな安否情報や生活情報を、自らも被災者であり被災地の住民のひとりでもある〈ラジオ人〉たちは伝え続けてくれた。明日をも知れぬまま被災地を生きるのが私たちだけではないとラジオの声は伝えてくれた。私たちは孤立してはいないと伝えてくれた。

その記録の刊行が続いている。ラジオ福島の『ラジオ福島の300日』(毎日新聞社)とIBC岩手放送ラジオの『その時、ラジオだけが聴こえていた　3・11　IBCラジオが伝えた東日本大震災』(竹書房)だ。後者には当時の放送音声を収録したCDも封入されている。実はIBC岩手放送のCDブックの編集制作は私たちが担当した。ノンフィクション作家・稲泉連さんによるルポ、関係者の証言記録、そして岩手県盛岡市在住の作家・高橋克彦さんを交えての座談会からなる一冊だが、あの大混乱にあって放送を続けた〈ラジオ人〉たちの苦闘に、いまも続く苦悩に、取材に同席しながら幾度も胸を打たれた。

ローカル局の限界もある。宮城の、山形の人間は岩手の放送は聴けない。あのとき東北各県それぞれのラジオはどう動いたのか。それを知ることはこれからの防災の一助ともなるはずだ。取材の場でこんな話を聞いた。いま、ラジオ局の経営はどこも苦しい。だが、ローカル・ラジオの火を消してはならない。大災害が起きたとき、ラジオは地域の命を守るための大切な情報ツールとなるのだから……。これは被災三県だけでなく、東北各県の、いや全国のローカル局とその聴取者が忘れてはならない指摘だろう。


仙台市で被災した私たちにもラジオに対するさまざまな思いがあった。

三月一一日、車中で聴いたラジオの声。一時避難中の山形市と仙台市を行き来する真っ暗な高速道路で聴き続けたラジオの声。それだけではない。ラジオの声は生命にも直結していた。関係者の安否確認に、そして取材に。あの日を過ぎて現在に至るまで、津波によって荒野と化した沿岸地域を幾度となく行き来してきた。昨年の夏ごろまでだろうか。残骸にスプレーペンキで殴り書きされた「ラジオつけよ　津波警戒せよ」といったメッセージをたびたび目にした。看板や貼り紙もあった。沿岸で復旧作業や瓦礫の整理にあたる人たちへの警告だった。

余震が続いていた。また、あの津波が襲い来るのではないか……。海岸近くにいるすべての人たちがそんな恐怖を共有していたのではないか。クルマを離れるときには、カーラジオのスイッチを入れたまま窓を開け放す。大音量のラジオの声が瓦礫の荒野に流れる。クルマは内陸へ向けて駐車する。ラジオから津波のニュースが聴こえたらすぐにクルマに飛び乗って内陸を目ざさなければならないからである。

ある日、瓦礫を縫《ぬ》って歩いていたら、カーラジオから国会中継が聴こえてきた。まわりの光景を見渡しながら国会からの空虚な声を聴いているうち、吐き気がこみ上げてきた。『その時、ラジオだけが聴こえていた』の登場者たちは、アナウンサーはマイクの向こうの誰かに語りかけているのだと教えてくれた。だからこそ、その「誰か」のひとりである「私」に、情報だけではないなにかが伝わるのだろう。眼前の現実とあまりにかけ離れた国会からの声に、その「なにか」はなかった。もちろん政治家はアナウンサーではない。それにしても、彼らはいったい誰に向かって話していたのか。

『その時、ラジオだけが聴こえていた』の取材編集を進めながら、この一年余り、さまざまな現場で耳にしたラジオの声を思った。聴き手として受け取った声の向こうの話し手の、そして送り手の「心」と「情」をはじめて思いやることができた気がする。読者のみなさんにもこの思いを共有していただければと願う。

神戸で考える「未来への遺産」

神戸通いが続いている。ある本の取材のためなのだが、神戸は私にとってほかのどこよりもなじみ深い都市である。阪神・淡路大震災の発生直後に相棒の写真家・奥野安彦と神戸に入り、「まずは五年」を合い言葉に神戸に通い詰めた。奥野と共著で『瓦礫の風貌　阪神淡路大震災1995』と『てつびん物語　阪神・淡路大震災　ある被災者の記録』を上梓し、以降も毎年のように足を運んできた。

だが、昨年の〈3・11〉は私にとっての神戸の「意味」を変えた。自ら被災者となって被災地に暮らすうち、あのとき神戸で目にし耳にしたことどもをこれまで以上に切実に思い起こすようになった。神戸の経験をいまここで活かすためにはどうすればいいのか……。

神戸市の「阪神・淡路大震災記念　人と防災未来センター」、同じく神戸市の東遊園地公園「神戸の火」とメリケン波止場「神戸港震災メモリアルパーク」、西宮《にしのみや》市の「仁《に》川《がわ》百合《ゆり》野《の》地すべり資料館」、そして淡路市の「野島断層　北淡震災記念公園」、和歌山県広川《ひろがわ》町の「稲むらの火の館（浜口梧陵記念館／津波防災教育センター）」などなどをたずねては、学芸員や語り部のみなさんにご案内いただき、あるいは地震学者の話を聞く、そんな旅を続けている。

当時のニュース映像や再現映像もあれば、やがて襲い来る災害のシミュレーション映像もある。瓦礫などの現物も展示している。語り部ガイドもいれば、被災者の証言もある。自然災害発生のシステムや防災・減災をあの手この手で伝えるコーナーもある。現場をそのまま保存しているのは「神戸港震災メモリアルパーク」や「野島断層　北淡震災記念公園」だ。前者は地震で崩壊したままの波止場を、後者は国指定天然記念物となった大地に走った断層面を保存しているほか、破壊された家屋もそのまま公開している。

いくつかの施設でこんな話を聞いた。「開館のとき地元の住民から反発を受けた」というのである。「あの災害を思い出させる気か」「災害の傷跡を売り物にするなんて」「悪印象が地域に根づいて地価が下がってしまったらどうしてくれる」などさまざまな声があったようだ。当初は地域住民が来館することもなかった。だが、やがて施設に足を運ぶ住民が増え、評価が反転した。「あのときの記憶をよみがえらせるよすがはここにしかない」「阪神・淡路大震災を知らない子どもたち孫たちに、自分の経験を伝えられる場所はここしかない」「観光施設として地域経済に重要な役割を果たしてくれている」……。いまでは地域になくてはならない施設として住民に認知されている。

東北の沿岸被災地でも同じ問題が起きている。消えていく瓦礫、解体される建物、撤去される船舶。震災遺構として保存を望む声が、そして解体撤去を望む声がある。解体撤去してしまいたい気持ちはよくわかる。もう、見たくはない。だが、もしかすると日々が過ぎて、後悔することになりはしないか。今回の経験を子どもに孫に伝えようにも、よすがとなるものがなにもない、そんな事態を迎えることになりはしないか。見たくはない、いや、だからこそそれでも残すべき責務を体験した私たちは未来に対して負っているのではないか。その可能性をもういちど被災地から考えてみたい。

仙台——日常と非日常の狭間で

仙台市内がものすごい勢いで変化しつつある。とはいえ、観光や出張で来られたみなさんには、この変化、なかなか目に見えにくいかもしれない。だが、ちょっと歩けば防塵《ぼうじん》シートなどに覆われた建物が多いのに気がつかれるはずだ。解体中、もしくは修理中の建物だ。神戸のように倒壊した建物こそほとんどなかったものの、激しい揺れによって建ってはいても内部の鉄筋・鉄骨が破断して全壊・大規模半壊となり、解体を待つ建物があまたある。修理しなければならない半壊・一部損壊の建物に至っては、いったいどれだけあることやら。津波にやられた沿岸地域の残骸の撤去がひと通り終わり、やっと内陸に手がつけられるようになったのか、とにかく解体・修理の現場がやたらと多い。

結果、空き地が増え続けている。通りすがりにはただの空き地や駐車場にしか見えないかもしれない。だが、そこの空き地も、あそこの駐車場も、このあいだまではビルや家々があった場所である。平和な日常があった場所である。なかには住民にとってランドマーク的な建物があったのがぽっかりと空き地となっていたりもする。住民やオフィスが退去した「幽霊ビル」もある。沿岸からちょっと内陸に入れば、どこにでもそんな光景が広がっている。

だからこそ「仙台市内はあまり被害がなかったんだね」などと遠来の客にいわれると、仙台市民は複雑な気持ちにならざるを得ない。ましてや、家族・親戚・友人・知人・同僚と、関係者になにがしかの被害がなかった者を見つけるのが困難な仙台である。あるいは、仙台市内で仮設住宅やみなし仮設に暮らす人たちも多い。こころのどこかに傷を受けた人たちもいる。いちいち目くじらを立ててるわけではないにせよ、そんなことばを投げかけられて、返答に困る人たちがいることもまた事実だ。

この複雑さ、なんとも説明のしようがない。仙台市民、みんなどこかで戸惑いを感じているようだ。確かに見かけは都市の日常である。だが、あの日を境《さかい》になにかが変わってしまった。空気感とでもいえばいいいか。世間話をしていても、一杯やっていても、散歩していても、映画館にいても、どこでなにをしていようとも、後頭部斜め上あたりにいつも「震災」がいる、といったらわかっていただけるだろうか。目の前にあるのが震災前と同じ景色であっても、なにかが違うのだ。

この感覚、被災地だけのものではないかもしれない。だが、仙台の場合、被害は被害としてきっちりと眼前に存在しているだけに始末に困る。日常と非日常の境界が見えない。異界に迷い込んだか、パラレルワールドに踏み込んだか、ふと立ち止まった瞬間に、あの日を境とした現実の落差に目が眩《くら》む。

仙台在住の作家・佐伯一麦《さえきかずみ》さんのエッセイ集『旅随筆集　麦《むぎ》の冒険』を刊行した。佐伯さんが一九九三年から今年にかけて執筆した旅に関するエッセイ三〇編をまとめた。沿岸被災地の旅の随想も書き下ろしていただいた。

だが、なぜ被災地から「旅」なのか。ちょっと倒錯した感覚かもしれないが、旅が日常から非日常への移動だとすれば、日常が非日常と化してしまった被災地の人間にとっては旅の非日常が逆に自分たちが失った日常を思い起こさせるようになってしまったからなのである。見知らぬ土地の平和な日常が、荒野と化した我が町のかつての失われた日々を思い出させる。なんともややこしい感覚だが、これもまた旅の効能なのだろう。自らの被災を相対化・客観化する契機《けいき》ともなれば、なんということもない日常の大切さをいまいちど認識するよすがともなるのだから。被災地では、旅の意味もまた、あの日を境に変わってしまったのかもしれない。

震災と文学

東北学院大学地域共生推進機構連続講座「震災と文学」がはじまった。東北学院大学が発行、そして私たちが編集を担当している『震災学』がスタートしたのは昨年の夏。被災地から東日本大震災を考えるための雑誌だが、その刊行を進めるなかで、大学側と私たちのあいだでこの講座の企画が浮上した。

復旧復興が進んだにしても、被災地に暮らす人たちのこころはなかなか落ち着く場所を見い出せずにいる。それに働きかけられるのは音楽であり、美術であり、文学なのではないか。音楽が好きな人は音楽に、美術が好きな人は美術に、そして文学が好きな人は文学に災後のこころの拠りどころを求める気配が被災地には確かにある。それでは被災地で文学をどのように読めばいいのかを考える、学生や市民を対象としたそんな公開講座を立ち上げてはどうか……。

かくして連続講座「震災と文学」がこの一〇月に同大学地域共生推進機構の主催、私たち〈荒蝦夷〉の企画コーディネートでスタート。学生だけでなく市民にも公開、一回の受講も連続受講も可能とした、まずは初年度五回の連続講座である。講師に迎えたのは、熊谷達也（作家）、和合亮一《わごうりょういち》（詩人）、鎌田慧《かまたさとし》（ルポライター）、若松丈太郎《わかまつじょうたろう》（詩人）、玄侑宗久《げんゆうそうきゅう》（作家）の各氏。すべて東北在住あるいは東北生まれのみなさんである。東北以外からの受講者もいるものの「東北人の作家たちが、東北人の受講者に、文学を手がかりとして東日本大震災を語る」そんな講座といっていいだろう。

講座は盛況である。各回一〇〇人を超える受講生が集まり、二〇〇人を超えた講座もある。全回参加の常連受講者もいれば「この講師の話が聞きたい」とやって来る人たちもいる。講師のみなさんも私たちもおどろくのは、受講者の「熱」である。なかには仮設住宅に暮らしていたり避難生活中のみなさんもいれば、被災から立ち直りながら落ち着かない日々を過ごしている人たちもいる。みな講師の顔をじっと見詰め、そのことばに頷《うなず》きながら聴き入る。ノートを取る手が止まらない受講者もいる。あるいは、講師のことばに涙を浮かべる受講者がいる。そんな光景が繰り返されている。

企画運営を担当する私たちも、この熱気に感じるものがある。沿岸の瓦礫もすっかり消えて更地となって、とりあえずの日常はある。それにしてもあの日の以前を思えば、犠牲となった人がいて、消え去った風景があって、このとりあえずの日常さえもがなんとも落ち着きが悪い。気持ちが、こころが揺れる。ここに集まった人たちは、それを落ち着かせるためのよりどころを本に求めようとしている。会場を満たす熱気の向こうに、被災地のそんな思いが見える。

これはこの講座に限った話ではない。昨年の秋、小森陽一《こもりよういち》東京大学大学院教授によ る『仙台で夏目漱石を読む　仙台文学館ゼミナール講義記録』（仙台文学館編）を刊行した。仙台文学館で二〇一二年に五回にわたって行なわれた連続講義をまとめたものだが、東日本大震災を経験した仙台でいかに漱石作品を読み解くかがテーマといっていい。

もとより小宮豊隆《こみやとよたか》が戦災を避けるために移した漱石の蔵書や自筆資料などが東北大学附属図書館に「漱石文庫」として収蔵されているなど、仙台と漱石の縁は深いとはいえ、受講希望者を制限しなければならないほどの人気講義である。ここにもまた熱気がある。受講者は小森さんをじっと見詰めたままに手許のノートにペンを走らせる。仙台の受講者の〈目力〉はスゴい――とは、小森さんのことばである。刊行を期して仙台市内の会場で私たちが行なったトークイベントの会場でも同じ光景が繰り返された。やはり、聴衆は求めていた。

受講者や聴衆のアンケートにも思いがあふれる。自らの被災体験とその日のテーマを重ね合わせて耳を澄ませているのがよくわかる。受講者と、聴衆といったが、結局は本になにかを求める「読者」である。企画運営に当たりながら、司会を務めながら、ああ、ここに被災地の読者がいると熱気を感じ止めている。そして、読者だけではなく、私たちもまた被災地に暮らしながら自らを鎮《しず》めるための「なにかを求めて」本を編んでいる。更にいえば、日々の経過とともに求められるその「なにか」が変化するのも感じている。被災地の読者の転変を見詰めながら本を編む。被災地で本を作る私たちの役割はここにあるのかもしれない。

読者は、それも危機的な状況にある読者は、本に娯楽や暇潰《ひまつぶ》しだけを求めているのではない、そんな気がする。さて、私たちはそんな本を被災地の読者に提供できているか、どうか。そう思わされたりも、またするのだが。

更に、あるいはこれは本にのみ関わるものではないのかもしれない。

昨秋のある晴れた日曜日、思い立って〈被災地観光〉に行ってみた。被災地に暮らしながらいまさらなにをと思われるかもしれないが、実感ではある。取材であったり本屋さんまわりであったりと、沿岸被災地を日常的に歩いている。だが、これはあくまで意識は「仕事」である。「休日にぶらり」の感覚ではない。仙台は海にも山にも近い。ことさらに観光などといわずとも、温泉に浸かりたければJR仙山《せんざん》線で山に、海の幸を楽しみたければ仙石《せんせき》線で海に向かえばいい。都市に暮らしながら、自然の恵みもすぐそこにある。あの日を迎えるまで、休みとなれば山野河海に遊ぶのは仙台人にとって、いや、東北に暮らす者にとってごく日常的な愉しみだった。だが、この二年余りはそんな時間的余裕がなかった。また、沿岸被災地の状況を知る私たちにはその余裕を持てなかったところもある。そこで、ぶらりと出かけてみたわけである。塩竈市へ、松島《まつしま》町へ。塩竈は名だたる「寿司の町」である。お寿司屋さんのカウンターで寿司を摘んで、腹ごなしにぶらぶらと鹽竈《しおがま》神社へ。境内名物「えびや」の三色だんごで一服。電車に乗り込み、今度は松島海岸駅で降りる。おお、たくさんの観光客。円通院《えんつういん》門前の「どんじき茶屋」でかき氷をすすって、瑞巌寺《ずいがんじ》へ。国宝の本堂は平成の大改修中。その解体改修工事の現場を見学して、杉木立を海岸の遊覧船乗り場へ。ウミネコの鳴き声と観光客のさんざめきに気持ちの強張りが溶けた。海辺の遊歩道を駅へと戻り、仙台へ帰った。

二年余りが過ぎて、はじめて過ごしたのどかな日曜日だったが、この地に暮らしている以上、やはりあの日のその以前を思い出して、海水とヘドロにまみれていたあの町がよくぞここまできれいになったものだとあらためて目を見張る。なにを見てもなにかを思い出すといったところなのだが、それにしても日常がとにもかくにも戻りつつあるのがうれしい。

もうひとつ、ぶらり散歩の効用があった。平安時代から続く鹽竈神社。町を歩けば「浦霞《うらかすみ》」で有名な酒蔵「佐浦《さうら》」は一七二四年の、名菓「志《し》ほか満《ま》」の「丹六園《たんろくえん》」は一七二〇年の創業である〈ちなみに「丹六園」は〈もうひとりの荒蝦夷〉共同経営者の千葉由香には親戚にあたる〉。伊達政宗が心血を注いで建立《こんりゅう》した瑞巌寺の改修工事現場を見学すれば、かつてこの地に生きた人たちが、よくもまあこんな豪壮な建物をとおどろかされる。五大堂《ごだいどう》だって観瀾亭《かんらんてい》だって昔々からここにある。

古くから人々の暮らしてきた町を歩いて、歴史ある建物をたずねる。戦乱もあっただろう。天災もあっただろう。それでも、目の前の〈いま〉はある。だからきっと我々もだいじょうぶ、なんとかなる。錯覚かもしれない。それでもいくらか気分は軽くなる。なるほど「観光」とは「光を観る」行為ではある。

小森さんの『仙台で夏目漱石を読む　仙台文学館ゼミナール講義記録』は、歌人で仙台文学館館長の小池光《こいけひかる》さんにご登場いただいて、巻末対談とした。話題はやがて漱石から「被災地と古典」に及んだ。思えば、今回の震災では鴨長明《かものちょうめい》『方丈記』や、寺田寅彦《てらだとらひこ》に宮澤賢治や柳田國男と、さまざまな「古典」が取り沙汰された。「古典」には、それぞれの時代にそれぞれの困難を乗り越えて生きてきた人たちの姿がある。読者はいま現在の自分を相対化・客観化して自分の立ち位置を確かめ、こころを鎮める。被災地の読者は「古典」にそれを求めているのではないか、被災地の読者が古典に魅かれるのはそのためではないだろうか、と。

どうやら本であれ町であれ、そこに流れる時間や空気が、乱れすさんだ私たちの気持ちを知らず知らずに慰撫してくれるようである。それこそが、本の、旅の効能と、頭ではわかっていたつもりだったが、「あの日」を経てそれを自ら痛感する日々が続いている。

死者と生者を繋ぐ〈ふるさと怪談〉

一〇月二一日、名古屋で開催された〈ふるさと怪談トークライブ〉にお邪魔した。さてこの〈ふるさと怪談トークライブ〉とはなにかといえば……。二〇一〇年は柳田國男『遠野物語』刊行一〇〇年の記念の年だった。私たちは、赤坂憲雄さんの『増補版　遠野／物語考』をはじめ、内藤正敏《ないとうまさとし》さんの『遠野物語の原風景』と木瀬公二さん『100年目の「遠野物語」119のはなし』を刊行。続いて以前からおつきあいのあった「『遠野物語』は怪談集である」と説くアンソロジスト・文芸評論家・怪談専門誌『幽』編集長の東雅夫さんに節目の年を機に東北の怪談文芸をクローズアップしたいとご相談したところ、『杉村顕道怪談全集　彩雨亭鬼談』と『山田野理夫　東北怪談全集』、そして東さん編の東北の文豪たちによる『みちのく怪談名作選 vol.1』の刊行が実現。ばかりか赤坂さんと東さんに岩手県盛岡市在住の作家・高橋克彦さんを選考委員に迎えた〈みちのく怪談コンテスト〉をはじめてみたり、あるいは仙台文学館で怪談イベントをやったかと思えば『仙台学』では〈みちのく怪談〉特集と、関係者一同わいわいと楽しんで〈みちのく怪談プロジェクト〉がまずは成功を見た。各地から「我が故郷でも怪談プロジェクトを」との声も上がり、二年目の準備に余念なかった三月、あの震災が発生した。

混乱の極《きわみ》にあった私たちの支援に立ち上がってくれたのは全国の怪談同好の士たちだった。「怪談は死者と生者を繋ぐ文芸であり、鎮魂《ちんこん》と慰霊《いれい》の文芸でもある」と、東さんを中心に〈みちのく怪談プロジェクト〉支援のための〈ふるさと怪談トークライブ〉と題したイベントを全国で開催。さまざまな人たちがイベントに集い、収益を〈みちのく怪談プロジェクト〉に寄せていただいた。私たちの営業再開と〈みちのく怪談プロジェクト〉継続の道筋も立ち、二年目の収益は赤坂さんが所長を務める遠野文化研究センターの〈三陸文化復興プロジェクト〉に送られている。

……名古屋の会場となったちくさ正文館書店の二階は、地元の怪談の書き手や語り手、研究者やイラストレーター、そして読者のみなさんでぎっしりだった。主催者・出演者・来場者それぞれが怪談を通じて土地の歴史や文化を語り合い、再認識しているように見えた。熱気あふれるイベントを楽しみながら、東さんとのある会話を思った。

昨年の秋、宮城県登米市で開催された復興支援プロジェクトの報告会に東さんと出席した。〈ふるさと怪談プロジェクト〉の報告のためである。北上川《きたかみがわ》水運で栄えた登米には、江戸から明治まで、さまざまな歴史的建造物が軒を並べる。「東北の明治村」

とも呼ばれるこの町を歩いていると、東さんが「今年はこんな町並みをずっと見てきたような気がする」とふと漏らした。なぜなのか。今回の震災で「ふるさと」の儚《はかな》さを我がこととして感じ取ったのは、歴史ある町の住民ではなかったか。我が町がいつ壊滅してもおかしくない、そんな大地に暮らしていると切実に感じたのはそんな人たちではなかったか。歴史があり、誇りがある。その己が基盤こそが地域であり、地域に残る怪談など伝説であり伝承であると知った人たちが〈ふるさと怪談〉を支えてくれているのではないか……そんなことを被災地の紅葉を眺めながら話した。

被災地の人間として、そうであってくれればと願う。そうであってくれれば二万人の犠牲者の魂も〈ふるさと怪談〉の場を歓んでくれるはずだ。〈ふるさと怪談トークライブ〉は三年目も続く。みなさんの町でこのイベントがあったらぜひ足を運んでやっていただきたい。

名古屋の「くつ塚」

その塚の存在を知ったのは、〈ふるさと怪談トークライブ名古屋〉の席だった。名古屋の怪談好きたちが、郷土に伝わる奇談伝承を語る中にこんな話があった。

一九五九年、観測史上最悪の被害をもたらした伊勢湾台風が愛知県一帯を襲った。

犠牲者五千余人。襲来した高潮に、名古屋市では南区だけで一四一七人が死亡。潮が引いた泥の海に残ったたくさんの靴を拾い集めた場所に香華が手向けられるようになり、やがて「くつ塚」と呼ばれるようになった……。

流れ着いた犠牲者のたくさんの靴。宮城県石巻市立大川《おおかわ》小学校の、泥だらけになった子どもたちのランドセルがところ狭しと並ぶ光景が浮かんだ。次の機会に「くつ塚」をたずねようと決めた。

岡山市の震災関連イベントに出席した帰途、名古屋に立ち寄った。東海道線の笠寺《かさでら》駅で下車。見知らぬ町を歩く。公団住宅の壁面に「津波避難ビル」の看板が。やはり海に近いのだ。道に迷って通りすがりの人に聞くと「もう少し先だよ。伊勢湾台風でたくさんの遺体が流れ着いたところだ」と教えてくれた。

「くつ塚」は小さな公園にひっそりとあった。地元小学生の手書きの貼り紙に「くつ塚公園は昔起きた伊勢わん大風で流されてきて亡くなった人達のくつがうめられている公園です。きれいに大切にしましょう」とある。「伊勢湾台風殉難者慰霊之碑」と刻まれた大きな石碑《せきひ》の横には伊勢湾台風の解説と洪水到達水位を示した看板、左右には献花台《けんかだい》。新鮮な花がペットボトルの水と一緒に供えられていた。「為伊勢湾台風犠牲者」と墨書《ぼくしょ》された卒塔婆《そとうば》も、まだ新しい。いまもきちんとお参りしている人がいるようだ。石碑の裏側に、犠牲者の姓名とともに碑文が刻まれていた。

〈激しい風と雨、胸までつかる水、その中で進退きわまった人々の悲しく叫びつづける声が、闇の空にむなしくかき消されてゆくばかりでした。碑の正面に見える路上で五百を越える人の群れが、必死に勵《はげま》し、頑張り、祈りつづけたのですが、無情の高潮は遂に貳百八拾《にひゃくはちじゅう》に近い人命を一時に呑んでしまったのです。水が退《しりぞ》いてこの附近一帯からひろい上げられた遺品の雨靴が、道路わきに山と積まれ又人々の新しい涙を誘うのでした。そこはいつの間にか〝くつ塚〟と呼ばれ道行く人々までが花と線香と静かな祈りを捧げるところとなりました。その深い悲しみの場所に、市当局と全宝学区民の総意と努力により、更に又学区外の多くの人々の協力も得てこの碑が建立されました。今この碑の中に全学区の殉難者参百　七柱《さんびゃくななはしら》の遺骨を安置してひたすら諸霊の冥福《めいふく》を祈ります〉

　碑文の日付は「昭和三五年四月二六日」とある。聞き知った由来それぞれが微妙に違うが、とまれこの町の人たちは「くつ塚」を忘れてはいない。由来などどうでもいい、慰霊と鎮魂がいまも続いており、記憶されていることこそが大切なのではないか。これはいつまた襲い来るかもしれない災害への過去からの警告でもある。物語や伝承とはおそらくこれでいいのだ。さまざまな由来がそれぞれの立場で語り継がれてゆく。なにより大切なのは、残すこと、語り継ぐことだ。いつかまた来るその日のために。後世のこの町に暮らす人たちのために。

流れ着いた靴たちがこの碑の下に納められていればと願う。地下に眠る主をなくした靴たちに手を合わせるこの町の人たちの気持ちに寄り添いたい。そして、思う。伊勢湾台風から五三年後の被災地の光景を見た。五三年後、東北の被災地にはどのような光景が広がっているだろう、と。

立ち止まる覚悟

どうしても東京発の「復興」への違和感が消えない。「復た興す」でいいのか。ならば「復た」とはなにか。そもそもあれだけの破壊に「復た」は可能なのか。「復た」を口にする前に「いままで」がどうだったのかを知らねば画餅のごとき「復た」でしかないのではないか。時間的スケールをたっぷりと取って「いままで」の過去や歴史を知るべきではないか。被災地に暮らす私たちは繰り返す悲劇に過去の記録の大切さを学んだばかりである。

昨年末の衆院選で各党代表やら候補者が揃《そろ》って口にしていたいまさらながらの「復興にスピード感を」に、首を傾げたくなったりもする。被災地を忘れちゃいないよといいたいがためのことば遊びではないか、ただの選挙の人気取りではないか、眉《まゆ》に唾である。三二万人が仮設生活や避難生活を送る東北である。荒野が広がる沿岸被災地には地域再建の明日も見えてはいない。福島の惨禍《さんか》はいうまでもないだろう。そんな状況にあって急ぐべきは急ぐのはもちろんだ。だが「スピード感」とやらを求めた挙げ句の果てが復興予算の流用や便乗ではバカバカしくて開いた口が塞がらない。ところでこの「感」とは、なんだ。ただ「スピード」ではなく「感」が必要とはこれまたいかがわしさアリアリではある。

だいたい「スピード感」なぞあり余っている世のなかではないか。「スピード感」があり過ぎて、わずか二年前の「一〇〇〇年に一度」とやらの大地震による「国難」が「風化」しつつあるというのなら、なにをかいわんやである。「スピード感」を持ってもらわねばならない人たちがたくさんいるのは確かだが、それだけでいいのか。目先や口先だけの「スピード感」に惑わされることなく、立ち止まって〈いま〉を見詰める覚悟もまた求められていはしないか。

私たちの仲間のひとりである在野の地域社会史研究者・西脇千瀬《にしわきちせ》さんが、藤原書店から『幻の野蒜《のびる》築港　明治初頭、東北開発の夢』を上梓した。甚大な被害が報じられた宮城県東松島市野蒜地区。この野蒜を舞台に国家プロジェクトとして起ち上げられながら失敗に終わった明治の築港計画の顚末《てんまつ》を、当時の新聞記事を追跡して丹念に綴り、河上肇《かわかみはじめ》賞を受賞した労作である。明治の新聞記事の向こうに垣間見える光景が、現在の野蒜の荒野に重なる。津波が押し流した地域の歴史と記憶を眼前に活写して、私たちが失ったものを幻視させてくれる。そして、それだけに留まらず、福島にもたらされた「国家プロジェクト」の暗澹《あんたん》たる現在をも私たちに想起させずにおかない。

仙台市に生まれ育った西脇さんが〈東北学〉の赤坂憲雄さんに師事しながら、野蒜築港史に惹かれて現地に通いはじめたのは八年前。東日本大震災を挟んでの刊行となってしまった。論文として書かれた本書だが、ありがちな硬直した堅苦しさはない。抑えた筆致の裡に、怒りと悲しみが、無念が透ける。叫びが聴こえる。「スピード感」とやらはここにはない。あるのは野蒜の「近代」から現代への時間である。眼前の荒野の時間的なスケールである。明治日本とお雇《やと》い外国人が夢を見た「近代」の跡地に「トモダチ作戦」の米兵が上陸したのだ。

東松島市、野蒜。ボランティアなどで足を運んでいただいたみなさんも多いのではないか。「あなたたちが助けてくれたあの町には、こんな歴史があったのですよ」と伝えたい。仲間の本である。贔屓《ひいき》の引き倒しと思われるかもしれない。だが、このような書き手が、このような本が、更に被災地から現われるべきだと強く思う。ぜひ。

鎮魂の編集

こんな本を編集することになるとは思わなかった。はじめて彼と会ったのは七年前。

宮城県気仙沼市の彼の家をたずねた。茶の間に彼がいた。初対面である。あいさつもそこそこに、まだ日も沈んではいないのに、「いやあ、お茶よりもオチャケだろ」と、ありがちなギャグを飛ばすや、一升瓶《いっしょうびん》が、続いて獲れたて山盛り極上のさしみが卓上にずらりと並んだ。この日、私たちが来るかもしれないと、知り合いの漁師さんに頼んであったのだそうな。こうなれば、覚悟を決めて呑むしかない。

「チリのプンタ・アレーナスって港町、知ってるかい。あそこに足止めを喰らったことがあってなあ。気仙沼の漁船があそこに寄港するから、通信機器の整備を頼むっていうんだよ。飛行機で先乗りして、漁船を待ってたんだけど、なかなか来ないんだ。なんにもやることがなくてな。あんときはまいった。そうそう、パリのルーブル美術館、ニューヨークのメトロポリタン美術館、サンクトペテルブルクのエルミタージュ美術館、世界の三大美術館っていうんだってな。おれ、みんな行った。ローマもすごかったなあ。ま、行ったたっていっても、暇潰しなんだけどな。気仙沼の漁船が寄港するのを待つあいだ、することがないんだよ。観光でもしながら待つかってなもんさ」

たまたまひょんなことからプンタ・アレーナスを知っていた私に「プンタ・アレーナスなんていって、知ってるヤツにはじめて会ったぞ」とボルテージが上がった。彼は自動操舵装置や無線など漁船の通信関係機器の整備を生業とする技術者だった。気仙沼の水産高校の無線科を卒業して、東京のメーカーにも勤めたが、やがて帰郷。三〇年以上にわたって、通信機器の整備を待つ気仙沼の漁船を追いながら、日本国内はもちろんのこと、世界の港々を旅してきた。

「気仙沼っておかしな町なんだよ。海を通じて世界と繋がっているから、仙台なんて田舎だと思ってる。仙台はあんまり行かないから知らないけど、ヨーロッパの港町なら詳しく知ってるなんて船員がたくさんいる。寄港する外国船の船員たちもたくさんいるしな。気仙沼ってグローバルな町なんだ。気仙沼の人間は、コスモポリタンなんだ」

外国の港へも行けば、外国船も入港するから、ことばが話せないと仕事にならない人たちがたくさんいる。現役を引退して八〇歳を過ぎたおじいちゃんにスペイン語なんかぺらぺら喋《しゃべ》られるとびっくりする。そういえば、スペインの港町でホテルに泊まったら、となりの部屋から気仙沼弁が聴こえてくるんだ。さてはと思ったら、次の朝、ホテルのロビーで気仙沼の知り合いのエンジン屋とばったり会って、お互い「なんだ、お前だったのか」なんてこともあった。まあ、今は漁業も昔ほど景気はよくないけれど、それでも自分が担当した船が大漁で気仙沼に帰って来るとうれしいもんだよ……。

技術者とはいえ世界の海を知る彼の、豪快《ごうかい》で陽気な話柄《わへい》に、おじいちゃんとおばあちゃん、そして彼の奥さんと娘ふたりも交えて、にぎやかな酒席となった。ふらふらに酔った私たちは、奥さんにホテルまで送り届けられるハメになりながら、次の日は彼に気仙沼大島を案内してもらった。以来、気仙沼取材のたびに、知り合いを紹介してくれたり、あるいは自ら登場してくれたりと、いろいろと世話になった。仙台の専門学校に進学した娘をたずねて来たときには、ともに呑んだ。

そんな夜のことである。ウチでアルバイトをしていた娘の前で、じっと私の目を見ながら「いいか〈荒蝦夷〉の人たちを仙台の家族と思え。仙台でなにかあったら〈荒蝦夷〉のみなさんを頼るんだぞ」と、酔眼ながらそこだけはしっかりといい放った。見知らぬ都会に娘を送り出した父の、すがるようなおどかすような、そんな「頼むぞ」の視線だった。さいごに彼と会ったのは、あれは就職の決まった娘の引っ越しの夜だったろうか。彼女のアパートをたずねた私たちに「おっ、またミーティングやろうぜ」と、玄関先で大きな声で手をふってみせた。「ミーティング」とは呑み会のことである。

そして、彼は津波に呑まれた。遺体が確認されたのは気仙沼があの津波に襲われてから二週間後だった。高台にあってなんとか無事だったあの「オチャケ」を酌み交わした彼の家で、柩を担がせてもらった。遺体と対面させてもらった。

ウチでアルバイトをしていた娘も、いまや立派な社会人である。結婚も近い。個人的にそれほど深くつきあったわけではなかった。アルバイト学生の父親とのたまさかの酒席である。平和な日々が続いたならば、どこにでもあるありふれた交わりに終わっただろう。だが、あの日の彼は五四歳、今や私は五〇歳。家族の悲しみはもちろん、年ごろの娘ふたりを残して津波にさらわれた彼の、その無念が胸に響いて離れない。

娘が本を書いた。『地震のはなしを聞きに行く　父はなぜ死んだのか』（文・須藤文音／絵・下河原《しもかわら》幸恵《ゆきえ》）。父を奪ったあの日の地震と津波の正体を三人の地震学者（松澤暢東北大学大学院理学研究科附属地震・噴火予知研究観測センター教授／寒川旭独立行政法人産業技術総合研究所関西センター客員研究員／河田惠昭阪神・淡路大震災記念人と防災未来センター長）に聞き、各地に災害の爪痕をたずねる、そんな子ども向けの本である。偕成社からの刊行だが、編集は私たちが担当した。読んでやって下さい。彼の名は、須藤勉。須藤勉よ、あの津波に命を落としたすべての人よ、安らかに。

第2章 絶望を力に変える

２０１３年３月～

日記

三月三日　神戸新聞の平松正子《ひらまつまさこ》さんと福島県南相馬《みなみそうま》市の福島第一原発事故警戒区域の検問ゲートへ。現在は約一〇キロの地点まで入ることができる。二〇キロから一〇キロ圏内の旧警戒区域はあの日のままの惨状。ノーマンズランド。帰還困難区域に居住制限区域に避難指示解除準備区域が警戒区域を取り巻く。それにしてもこの悪趣味なネーミングはなんだ。霞が関のことば遊びか。平松さんはそのまま仙台空港から神戸へ。三日間にわたって宮城県沿岸被災地を歩いて、『地震のはなしを聞きに行く　父はなぜ死んだのか』の著者である須藤文音（文）と下河原幸恵（絵）を取材していただいた。被災都市・神戸からの来客は、迎える私たちの構えも違う。みなまでいわずとも〈被災〉をわかってくれる安心感。前倒しの三回忌が続く。

三月四日　琉球新報に震災二年の原稿を送る。沖縄県の出版社〈ボーダーインク〉の新城和博《しんじょうかずひろ》さんが繋いでくれた原稿依頼である。沖縄と東北が持つ〈植民地性〉について、さまざまに考えを深めさせられた二年間。

三月五日　震災関連本をテーマにエフエム仙台『Radio Kappo』収録。川元茂さん（プレスアート）とパーソナリティーの三浦奈々依《みうらななえ》さんと「震災と本」について語り合って、上京。学習院大、東京創元社、メディアファクトリーなどなどいろいろと取材や打ち合わせをこなして、東京泊。仙台に戻る。

三月七日　北海道新聞の岩本茂之《いわもとしげゆき》さんが震災特集紙面の取材のため仙台に。仙台在住の作家・熊谷達也さん、河北新報の古関良行《こせきよしゆき》さん、そして私の三人で震災関連本に関して話す。

三月八日　熊谷さん新刊『烈風のレクイエム』書評原稿を「週刊現代」へ。新潮社から刊行された本書は、『光降る丘』（角川書店）に続く〈被災小説〉。『震災学』第二号を刊行。特集は福島第一原発事故。

三月九日　NPO法人遠野まごころネット『新・遠野物語　遠野まごころネット被災地支援への挑戦』刊行。木瀬公二同NPO理事の熱意が実った一冊。

三月一〇日　仙台文学館でトークイベント「東日本大震災を被災地から読む　本のチカラで大震災に立ち向かう」。川元さんと小林直之《こばやしなおゆき》さん（東北大学出版会）と私の共同司会。ゲストに須藤と下河原、山川徹（ルポライター）、西脇千瀬（地域文化史研究家）、そして熊谷さんの各氏。奥山恵美子《おくやまえみこ》仙台市長が来場。ひとことご参加いただく。

三月一一日　朝。いまだに取り壊しを待つかつての我が家、全壊高層幽霊マンションの前に。二年前のいまごろ「行ってきます」と玄関を出た。足場が組まれている。やっと解体がはじまるのか。通勤途中、町なかのあちこちに設けられた献花台のひとつに合掌。午後二時四六分は名取市閖上《ゆりあげ》に。作家・黒木あるじさんと合流。黙禱《もくとう》。午後六時。いつもの台湾料理屋〈香満楼《コーマンロー》〉で、いつものみんなと一杯。家に帰って東京発の「震災特番」を黙々と観たくはない。むしろ被災地の外の人たちにこそ観てもらえればば。沿岸被災地を岩手から南下してきた赤坂さんが立ち寄られる。消えた町に人に平穏だった日々に思いを馳せて、津波のバカヤロー。

三月一二日　河北新報一面の大見出しは「癒《い》えずとも前へ」。本日のところ、死者一万五九〇五人（部分遺体による身元判明者を含む）、行方不明者二六六八人、震災関連死二三〇三人、仮設・避難生活者三一万五一九六人。三年目がはじまる。

風化に立ち向かう

二年目の三月一一日。そのひと月ほど前から遠来の客が相次いだ。みな、震災前から旧知の、あるいは震災を機に知り合った、各地の報道陣や研究者のみなさんである。二年目の被災地取材のために、いまいちどその目で現場を確認するために、ここまで足を運んでくれた。沿岸被災地をご案内したり、夜はみんなで一杯やったり、同窓会のような、あるいは戦友の再会のような、そんな日々が続いて、ややくたびれはしたものの、よくぞやって来てくれたとの思いもまた強くある。

仕事で仙台を離れるたびに、被災地の外ではあの日々がいまや旧聞と化しているのを感じる。たとえば、朝、滞在先のホテルでその地の新聞を見る。被災地の地元紙は、いまも震災関連の記事が紙面の大半を占める。ところがその地の新聞を開くと、ほとんど震災関連の記事などない。虚《きょ》を衝《つ》かれてちょっとびっくりするが、ああ、そうか、二年が経ったんだと納得させられる。恨《うら》み節《ぶし》ではない。それはそうだよな、と思うのである。被災地の人間にとっては、あの日からの時間がひと繋がりにいまもある。けれども、被災地の外の土地はまた違った日常を取り戻している。それだけのことだ。

あるいは、ひとりで見知らぬ地の見知らぬ呑み屋に入る。話題も空気も仙台とは違っている。仙台の夜の町に漂う、なんともいえないヤケッパチな高揚感や、その陰に潜む無意識のうちの緊張感といったものがない。そうか、震災前の夜の呑み屋の空気ってこうだったよなあと、こちらはまたふっと肩の力が抜ける。お国なまりも耳慣れない喧噪《けんそう》のもたらす解放感に、思わず知らずひとりにやにやしたりしながら、沿岸被災地の仮設プレハブ居酒屋ではいまごろどんな話題が行き交い、どんな空気が漂っているのか、そんなことを考えたりもする。

風化といえば、風化かもしれない。だが、やはり「それはそうだよな」とあらためて思う。被災地の外の人たちはそれぞれの暮らしをそれぞれに続けなければならない。いつまでも遠く離れた地の〈被災〉ばかりを思いやるわけにもいくまい。だが、願わくは被災地の人間はそうはいかないとだけはわかってもらえれば。なにしろ、日々〈被災〉のなかにある。日常を取り戻したといっても、そこにも〈被災〉が大きくカゲを落としている。風化も忘却も望むべくもない。繰り返すが、恨み節ではない。これが現実としかいいようがない。

今年も三月一一日をピークに、報道は震災一色となった。テレビもまた、震災特番を流し続けた。私の周辺では「テレビを観ていると気が滅入る」とリモコンに触れもしなかった人たちがいる。一一日は平日だったためもあるが、おそらくその直前の週末にしても同じだったろう。私にしてもテレビはまったく観なかった。

そんなメディアの動向に「三月一一日だからってことさらに震災を取り上げやがって」と苦々しく口にする人たちも被災地にはいる。だが、とまた思う。これもまたいたしかたないのではないか。むしろ、被災地の外の「風化」が現実であるとすれば、この日だけでもあの震災を思い起こす、その機会となるのならば、被災地の人間は自らは観なくとも読まなくとも、被災地の外の人たちが思いを新たにする機会となるのならば、それもよしとすべきなのではないか。被災地を知ってもらうことこそが風化に抗する力になると気を鎮めて、現実に立ち向かうしかないのかもしれない。

ただ、ひとつだけ気になる。〈記念日症候群〉というやつである。あの特別な日を迎えるだけでも落ち込む。そこにさらに震災報道が追い討ちをかけて、精神的にも肉体的にもダメージを受ける。そんな人たちが少なからず被災地にはいる。関連あるのかどうかは不明ながら、自殺の話も聞こえてくる。あの日を迎えてみながら同じ気持ちでいる、だからなんとか乗り越えようと、そんな人たちに伝えたい。乗り越えることこそがまた風化に抗することにもなるはずではないか。風化させたくないのなら、私たちがまず生き延びるしかない。これもまた被災地の責任かもしれない。

風化に立ち向かうには、時流に抗《あらが》わず、昂《たかぶ》らず、荒ぶらず、淡々と粛々《しゆくしゆく》と受け止め、受け流す。時流をやり過ごしながら、たっぷりと時間をかけて繰り返し伝え続ける。これしかないのではないか。明治・昭和の津波の記録を見ながら、風化がなにをもたらすか、いまさらながらに痛感している私たち東北被災地の人間の、これは義務とまで断言してみようか。

昨年末からこの三月一一日にかけて「淡々と粛々と」を肝に銘じながら我らが〈震災関連本〉を編んでは出し続けた。『仙台学』一四号をはじめ、奥松島物語プロジェクト『奥松島物語』創刊号、須藤文音・下河原幸恵『地震のはなしを聞きに行く　父はなぜ死んだのか』、東北学院大学『震災学』二号、遠野まごころネット『新・遠野物語　遠野まごころネット被災地支援への挑戦』……次の震災に向けて、五年も一〇年も読み継がれることを祈って送り出した。もしかするとこれが被災地の出版社の務めなのかとあらためて腹を括《くく》りながらの三年目の日々である。

いつも常にとは望まない。それでも、日々できるだけでいいから被災地に思いをめぐらせていただければと願う。もちろん、いついかなるときであっても被災地を忘れてもらっては困る者たちが、永田町や霞が関には多いわけではあるが、さて、仲間たちよ、同志たちよ、来年も、また。

いま、ここに必要な本

あの日が過ぎてから二年。いったいどれだけの「震災関連本」が出たのだろう。昨年の三月一一日を目がけての出版ラッシュはまさに洪水だった。地震の本、津波の本、そして原発事故の本と、空恐ろしくなるほどおびただしい数の「震災関連本」が、書店の棚を埋め尽くした。あれだけの本、誰かが記録として取りまとめているのかどうか……そんな疑問を口にしたら、東京の旧知の編集者が「こんなデータがありますよ」と文芸同人誌『B－』（新古典派フィクションズ発行のキンドル版電子書籍）に掲載された、編集部の手になる脱帽《だつぼう》の労作「書誌　震災選書」の存在を教えてくれた。これによると震災直後から昨年秋まで、書籍・雑誌を含めてなんと二三〇〇冊を超えている。

くらくらしながらざっと眺めたが、いやいやまだまだありそうだ。基礎としたデータによるのだろうが、たとえば私たち〈荒蝦夷〉の本がない。被災地で自費出版・私家版のようなかたちであまた出ている震災体験記や、ローカルな新聞社や小出版社の本もかなり欠けている。流通の網から外れたそんな本に、昨秋を過ぎてから出たものまで加えれば、優に三〇〇〇冊は超えるのではないか。

被災地の同業者から見れば残念ながら「便乗《びんじょう》本」としか呼べないものも散見されないではない。昨年の三月、仙台市内の本屋さんでこんな光景に出くわした。店員さんがぷんぷん怒りながら、棚に並べるまでもない「震災関連本」をあれやこれやと返品作業中。彼女の弁は「家族が犠牲になったお客さまや仮設に暮らすお客さまがいらっしゃるのに、便乗本なんか並べたらウチの信用に関わっちゃうわよ」……確かに。それにしても「ひとつのテーマの出版ラッシュとしては史上空前」ともいわれるだけあって、ものすごい数の本が世に出たわけだが、さて、それではいったいなにを読めばいいのか――それも私たちの場合、被災地の読者として――俄かには判断すらできない状態が続いている。

仙台市の編集者三人で、毎年末にその年の新刊ベストテンを選んで、トークイベントやブックフェアを企画したり、リーフレットを配布したりしている。仙台のタウン誌・情報誌の老舗《しにせ》であるプレスアートの川元茂、学術出版の東北大学出版会から小林直之、そして私の三人ではじめたこの年末企画、昨年で三回目だった。そんな年末のある日、私たちは仙台市内のとある書店員さんから「二年目のいま読むべき震災関連本を三人で選んでみてくれないか」と声をかけられた。年間ベストテン企画を行なっている私たちならなんとかなるんじゃないか——というわけだが、私たちとてすべての震災関連本に目を通しているわけではない。とはいえ、職業柄、かなり読んでいるのもまた確かだ。空前の出版ラッシュを横目で見ながら、被災地の編集者としていつかはやらなければならない作業とどこかで思ってもいた。そこで、この機会にまずはやってみようと三人で取りかかったのである。

……のはいいのだが、しんどい作業となった。選書のために、もういちど別の視線で読み返さなければならない。自分たちが体験したあの大震災を再考するいい機会とはなったが、なんとも気持ちが落ち着かない。読みながらこころがざわめく。被災地には「震災に関する本や映像を目にするのもイヤだ」という人たちが少なからずいる。思い出したくないのだ。私たちは仕事として否も応もなく読み続け編み続けているわけだが、そんな人たちの気持ちが作業を続けながら理解できた。

もうひとつ、思った。被災地で必要とされる本と、被災地の外で必要とされる本はどうやら違う。被災地の読者としてはそれがたとえどんなにいい内容であっても「そんなことは知っている」——もしくは「そんなことは知りたくなかった」場合もあるだろう——といった本がある。自分のまわりにさまざまな体験をした人たちがいるのだから、本を買って読むまでもない。だからといってその本がダメというわけではない。被災地では読むまでもない同じ本が、被災地から遠く離れた読者にここでなにが起きたのかを知ってもらうためにはぜひ読んでもらいたい一冊だったりする。編集者としての目線と、被災者としての目線、そして被災地に暮らすひとりの生活者としての目線が一冊の本に交錯して、どうにも複雑な読書体験となった。

繰り返すが、私たちとてもすべての震災関連本を読んでいるわけではない。結果としては私たちそれぞれの読書傾向が強く現われた、いわば三人の〈私的五〇選〉となったのだが、所詮は大海の一滴である。もちろんこれ以外にもいま読むべき本はある。異論だってあるだろう。実際、このリストを見た仙台市内のある書店員さんから「コミックや実用書がない！　オヤジどもに任せるとこれだから！」と速攻のダメ出し。急ぎ彼女に選書をお願いして一〇冊を追加、六〇選となった。

まだまだ異論はあるだろうが、それでもこの震災関連本の奔流のなか、ひとつの道しるべにはなるのではないかと思っている。なにはともあれ、誰かがこのような作業に取りかからないことには「空前の出版ラッシュ」もただの垂れ流しに終わる。岩手・宮城・福島各県には各県の、東北には東北の、そして東北以外の地にはその地なりの、いま読むべき震災関連本があるはずだ。さまざまな立場からこのような作業が行なわれるべきではないか。まずはその一歩となれば――これが私たち三人の願いである。

ある記録

被災地の若い女性たちが仕事を求めて風俗業界やAV業界に流れ込んでいる。そんな噂を耳にしたのはいつだったか。三月一一日を過ぎて、かなり早い段階だったはずだ。五月には確かに聞いている。東京のライターが知人のAV業界関係者から聞いた話として伝えてくれた。被災地の女の子たちが仕事を求めて殺到している。若い子たちが低賃金で使えるから業界全体の人件費が下がって、東北以外の子たちから不満の声が上がるくらいだ……。そんな話だった。

赤坂〈東北学〉の旗印の下、一〇年以上にわたって東北各地で聞き書きを続けるうち、娘身売りの記憶は、避けがたく耳にしてきた。飢饉《ききん》などによる貧困ゆえの、近代に取り残された地域性ゆえの、ある種の史的悲劇であり、記憶であると認識していた。だからこそ、まさか自分の生活史のなかで、被災の末の現代版〈娘身売り〉の話を聞くことになるとは思ってもいなかった。都市伝説めいた噂話のように、ちらほらこの種の話題を耳にするようになって、胸をえぐられた。都市伝説で、噂であって欲しいと願った。

宮城県で被災した女性が東京の風俗店で売春によって摘発されたとのニュースが報じられたのは六月のことだった。やはりかと思った。願いは願いとして「それはそうだよな」とどこかで思っていたのもまた確かではあった。あの混乱の渦中、確実に、そして手早く現金を得る手段として、いわば「女を売る」行為を選ぶのもまた、ひとつの決断ではあるだろう。とはいえこの話題が、少しく淫靡《いんび》でどことなく皮肉めいた苦笑とともに語られるのは苦痛だった。その選択をした彼女たちの肉声が聞きたかった。自ら被災して余裕もないままに、そんな思いを山川徹にぶつけた記憶がある。

山形県上山市に生まれた山川は、仙台の東北学院大学を卒業して國學院大學へ。学生時代からウチに出入りしていたが、大学卒業後はフリーライターとして東京を拠点に活動。はじめての著書は私たち〈荒蝦夷〉からの『離れて思う故郷　東京に生きる山形人の群像』である。山形から東京へと移り住んだ集団就職世代や現代の若者たちがテーマだった。続いて宮城県石巻市鮎川などの捕鯨《ほげい》基地を取材、やがて調査捕鯨船に半年間にわたって乗り込んで『捕るか護るか？　クジラの問題　いまなお続く捕鯨の現場へ』（技術評論社）を刊行。震災後は私たち〈荒蝦夷〉や友人知人の救援と取材に奔走して『東北魂　ぼくの震災救援取材日記』（東海教育研究所）を上梓している。

東京へと移り住んだ同郷人の声を求め、故郷をあとに鯨《くじら》を追い続ける東北の海の男たちと行をともにし、被災の実情をも知る山川なら、被災地からＡＶの世界に身を投じた女性たちの声を聞き届けてくれるはずだ……。その最初の結実が、震災一年を期して藤原書店から刊行された赤坂憲雄編の聞き書き集『鎮魂と再生　東日本大震災・東北からの声１００』だった。私たちが編集を担当したこの本で、仙台で被災してＡＶの世界に飛び込んだ二五歳の女性の聞き書きを行なった。

山川は、このテーマにずっとこころを残していた。震災から二年、そんな山川のルポ『それでも彼女は生きていく　3・11をきっかけにＡＶ女優となった7人の女の子』が双葉社から刊行された。山川だからこそ聞き取れた彼女たちの胸の裡を読んでやっていただきたい。淡いスケッチのようなことばの向こうに被災地のいまが透ける。このような若い女性たちが被災地にいる。これもまた、この時代の被災の記録だ。彼女たちに幸多かれと祈る。

地域誌を編む

地域とはなにか。地域に根差した出版とはなにか。『仙台学』一四号（特集「赤坂憲雄「震災論Ⅱ」」「第２回みちのく怪談コンテスト」）にはじまって、奥松島物語プロジェクト『奥松島物語』創刊号、東北学院大学『震災学』二号（福島第一原発事故を特集）、Ｎ

PO法人遠野まごころネット『新・遠野物語　遠野まごころネット被災地支援への挑戦2011-2013』、遠野文化研究センター『遠野学』二号（特集「21世紀における柳田國男」「没後80年　佐々木喜善とは誰か」）……。三月一一日を挟んで、昨年末から刊行が続いた私たちの本である。

なにがなにやらではある。ぱっと見た印象では震災関連本と地域誌に受け止められるかもしれない。『震災学』は震災関連本で『仙台学』と『奥松島物語』は地域誌、『新・遠野物語』は震災関連本で『遠野学』は地域誌である……そんな具合だろうか。だが、私たちにとってはすべてが震災関連本であり、かつまた同時に地域誌でもある。

たとえば『仙台学』だが、震災前は仙台の歴史や人物を掘り下げる地域誌だった。それがいまや震災を抜きには地域を語ることができなくなってしまった。『奥松島物語』も地域史を記録する雑誌ではある。小さな地域の歴史を記録する雑誌は、全国各地さまざまにあるだろう。だが、宮城県東松島市の奥松島地域は〈壊滅〉が伝えられた一帯である。

岩手県であれば『遠野学』は、柳田國男『遠野物語』刊行一〇〇年を記念して震災の春に設立された遠野市遠野文化研究センターの機関誌である。沿岸被災地の救援拠点となった遠野もまた震災とは無縁ではいられなかった。同センターは文化財レスキューや図書館復興のための「三陸文化復興プロジェクト」を展開する拠点となって、

『遠野学』も『遠野物語』誕生の地が、いまどのように被災と向き合っているのかがテーマとなった。かと思えば『新・遠野物語』は、遠野の被災地支援の記録そのものである。

いわゆる〈震災関連本〉でなくとも、地域をテーマにしようとすれば、どうしても震災に向き合わざるを得ないのである。『奥松島物語』にしても、誌面をいかに構成するかは基本的に震災前の地域誌制作と変わらない。その地に暮らす人たちを訪ねて地域の記憶を語ってもらう。地域に残る史料を求める。家族のアルバムにかつての暮らしの記録を拾い上げる。違うのは、奥松島地域がいまや存在しない、あるいは地域の存続が困難な状態にあるということだ。同地の野蒜地区など、町はいまや根こそぎの荒野だ。話し手たちは仮設住宅に暮らし、避難先の町に生きる。地域の史料も、家族のアルバムも流された。二年余り前には確かにあった町が海の藻屑《もくず》と消えて、いまはもう生き残った人たちの記憶のなかにしか存在しない。消えた世界をただ誌面に刻むのみである。私たちは消滅した町の地域誌を編んでいるのだ。

それだけに、切実な思いがあるのもまた確かだ。消えてしまった世界がそのまま自らの生の証でもあったと思い至った誰しもが、悔しさと焦りと、そしてもしかすると不安や恐怖を感じている。幼い我が子に孫たちに、これから生まれてくる者たちに、あの日以前のあの町を、あの暮らしをどのように伝えればいいのか。だからこそ、記憶を記録したい、しなければならない。取材の現場で痛々しいほどのそんな気配を感じる瞬間がある。死んでいった人たちもまた、かつての町の記憶を共有していたのを思えばなおさらである。

対して『仙台学』や『新・遠野物語』などは、あの日からのいまを伝える。ただ、これもまた被災地の私たちにとってみれば単に震災関連本であるはずもなく、眼前にすがたを顕《あら》わしつつある新たなる地域への胎動《たいどう》の報告である。そして、福島第一原発事故を特集した『震災学』二号に至っては、過去の自分に「こんな本を編集することになるぞ」といったなら「冗談いうな、SFじゃあるまいし」と返されそうだ。

東北の、地域の意味があの日を境にすっかり変わってしまった。そもそも地域史とはなんだったのか。アカデミックなアプローチであれノスタルジックな好事家《こうずか》的興味であれ、あの日以前の地域史は、いま現在と切り離して、過去を振り返るためのものとしてあったように思う。よくいって、過去から学ぶためにといったところか。だが、違った。過去はいまと地続きだった。いや、そうであると頭では理解したつもりでいたのだが、甘かった。いまやあの日までの暮らしが地続きの過去に繰り込まれようとしている。明治の津波も昭和の津波もあの日までの暮らしそのものも、ひとしなみに地続きの歴史のひとコマとなりつつある。

この地続きがまた困りものだ。かつての光景と眼前の荒野のギャップに目眩《めまい》さえ覚える。地域とは、地域史とはなにか。地域に根差した出版とはなにか。あるいは暮らしとはなにか。一三年もこの地で地域誌を編み続けていまさらながらではあるが、地震と津波によって、私たちはいま根源的な問いをあらためて突きつけられている。

結論などないのかもしれない。それでいいのかもしれない。もしかすると私たちは新しい地域観を獲得しようとしているのではないか、地域への視線がむしろ深まったのではないか、そう思い直せば日々の仕事もささやかではあれ明日へと繋がると信じたい。時間が、おそらくは地球的スケールの悠々《ゆうゆう》とした時間が被災地には必要だ……などとあれこれ思い惑ってみたり、「まあ、なんとかなるさ」と腹を括り直してみたりする三度目の春である。

震災怪談

たとえば、こんな話だ。

三陸沿岸のある町。町といってももはやそこにはなにもない。津波に呑まれた見渡す限りの荒野である。高台に仮設の住宅があり、商店がある。その仮設住宅に、幽霊が現われるのだという。この町に暮らして津波に呑まれたおばあちゃんの幽霊だ。仮設の知り合いをたずねてくる。お茶と漬け物でもてなす。このあたりで「お茶っこ飲み」という。近所の人たちが集まっての茶飲み話だ。おばあちゃんが「さて」と立ち去ってみれば、座布団がじっとりと濡れている。ああ、そういえば「あのおばあちゃん、津波で死んだんだっけな」……。一軒だけではないそうだ。おばあちゃん、知り合いの仮設にたびたび現われる。

この話をしてくれた人に訊いた。それで、おばあちゃんを招じ入れた仮設の人たちはなんていってるの……「いやあ、あのばあちゃん、自分が死んだってわかってないんだべな。まだ生きてるつもりでお茶っこ飲みさ来るんだべ。あんたもう死んでんだよってわざわざ教えるのもなあ。んだから、なにごともなかったようにお茶っこ飲ませて帰してやってんだ。そのうち自分でわかるべ」。

やはり三陸沿岸のある町の話だ。歩道橋がある。歩道橋の上に逃れた人たちはかろうじて助かった。荒野と化した交差点に、歩道橋だけがぽつりと残る。この歩道橋に、ある時間になると「鈴木さん」が立っているのだという。鈴木さんは、あの津波で生命を落とした。最後に目撃されたのは、津波から逃れようと歩道橋に向かって走る姿だった。その甲斐《かい》もなく、鈴木さんは亡くなった。近所の人たちはいう……「鈴木さん、あの歩道橋までたどり着けばって走ったんだべ。だけど、間に合わなかった。どうしても歩道橋までって死んじまったから、その鈴木さんの思いがあそこに残ってしまって、んで立ってるんだべ」。みなは今日も「歩道橋に鈴木さんがいたよ」と話す。

不特定の「幽霊」や「お化け」ではない。あえかな人影は、あくまであの「鈴木さん」なのだ。

まるで『遠野物語』の一篇のようなこんな話が、被災地ではいくらも語られている。今回の震災に関して各所で触れられた『遠野物語』九九話——明治の津波に呑まれた妻の幽霊と再会する話——のいわば平成バージョンが、被災地のそこかしこで生まれているのだ。いかにも東北のホラ話めいた類もあったりして、話す側も聞く側も、思わず苦笑いしたり爆笑したりもするが、こころの裡はさすがに複雑である。笑いながら、泣く——とでもいおうか。自らの死を知らずに仮設に暮らす友だちをたずね歩くおばあちゃんの、歩道橋に立つ「鈴木さん」の胸の裡を思えば、自分の知ったあの人この人の、津波に呑まれた瞬間のその衝撃を思わずにはいられない。

だけではない。幽霊なんて、いてもいなくてもいい。幻《まぼろし》に過ぎなくてもいい。だがそこに、たとえそれが「幽霊」であってもその幻を求めざるを得ない生き残った人たちの思いがどこかに投影されているのだとすれば、ともに笑いながら泣くことこそが供養《くよう》であり鎮魂なのではないか。津波に呑まれた家族にまつわるちょっと不思議な怪異を「会えてよかった」と語る人たちの顔は、なぜか明るい。死者との再会は、もしかすると「癒し」と「和解」の証なのかもしれない。海辺の怪異譚《たん》には、そんなほのかな温もりが確かにある。

もちろん、死者の記憶と「和解」できずに苦しむ被災者もあまたいる。そんな人たちの胸を嚙む悔しさや苦しさもまた私たちの胸に響く。それでもなお、被災地で語られる幽霊譚に、私は感動する。語られるその話柄に生前のその人が透けて、こんな人があの日の津波に呑まれたのか、と。生者の語りのなかで、死者はこのように「生きる」のか、と。

もうひとつ、二年が過ぎてあちらこちらで耳にする話がある。あの津波に生まれて間もない子を亡くした。悲嘆に暮れた。自殺を考えた。もう、立ち直れないと思った。そこに新たな子を得た。この子はあの子の生まれ変わりではないかと思った。この子を立派に育て上げることこそ、死んでしまったあの子の供養になるのではないか、そう思っています……なにかが吹っ切れたように語る若い父が、母がいる。

あるいは「ウニ――カニだったりタコだったりもするが――を食べたら髪の毛が――あるいはなにか人体の欠片《かけら》が――出てきた」などの都市伝説めいた話がある。海に沈んだ遺体を海底の生き物が食べてしまったからだ……。まことしやかに語られるこんな話をしたところ、ある海辺の住人がいい放った。「だったら、そのウニを食べてやるのも供養だべ。人間の死体だろうとなんだろうと、ウニもカニもタコも自分たちが生きるために食べた。それをオレたちがまた食べて生きていくんだ。これだって供養だべ」。カニバリズムを連想する人たちもいるかもしれない。だが、死者の思いを我がことととするための、これはひとつの作法なのではないか。これこそが私たちの鎮魂であり供養なのではないか。自然のサイクルを、あるいは輪廻転生を思う。

被災地で語られる怪異譚を「震災怪談」と称して、山形在住の作家・黒木あるじを中心とした若い書き手たちが記録をはじめている。私たちが高橋克彦・赤坂憲雄・東雅夫三氏と、柳田國男『遠野物語』刊行一〇〇年を期して震災前年から進めてきた〈みちのく怪談プロジェクト〉もこの「震災怪談」と深く関わる。雑誌『仙台学』にも掲載すれば、トークイベントも予定している。怪談やホラ話や都市伝説であれ、あるいは「物語」であれ、それが被災地の、そして被災者のある「情念の声」だとすれば、それを記録するのもまた地域の出版社の仕事だ。願わくは、この声が永く語り継がれんことを。

ちいさな〈声〉があふれている

八月に出版される被災者の手記を読み続けている。ＩＢＣ岩手放送ラジオが二〇一二年一月から「未来へ伝える〜私の３・11」と題して募集している東日本大震災体験者の手記である。寄せられた手記は、毎週土曜日午後一時から放送の『大塚富夫《おおつかとみお》のＴＯＷＮ』で朗読されている。投稿数は既に一五〇篇を超えた。今年開局六〇周年を迎える岩手放送は、この手記の出版を企画。『未来へ伝える私の3・11　語り継ぐ震災声の記録』全二巻として竹書房から刊行されるが、編集は私たちが担当している。

作業に取りかかったのは春。メールで寄せられた手記はともかくとして、手書き原稿も多い。まずはこの入力作業からはじまった。アルバイトの女性陣にコピーの束をどさっと渡したのだが、気がかりがあった。当然のことながら生々しい原稿が多い。ちらりと目を通しただけでかなり重たい内容のものがあるのがわかった。アルバイトの彼女たちにもそれぞれにそれぞれなりの震災に対する体験と思いがある。一人称の手記を黙々と入力する作業は、精神的な重圧となりかねない。案の定、入力しながら涙を抑え切れないこともあったようだが、「きついと思ったら誰かに交代してもらえよ」と告げて、なんとかすべての手記の入力が終わった。

岩手放送、竹書房、そして私たちですべてを通読、掲載作を選ぼうとしたのだが、選べない。ほとんどの手記が、文章としては拙《つたな》い。「はじめて文章を書いたのだが、こんな原稿でいいのだろうか」などと追伸があったりもすれば、旧かなで原稿用紙に書き綴った高齢の投稿者の原稿もある。そんな原稿だからこそだろう。文面から起ち上がってくるのは、どうしても書いておきたい、書くことによってあの体験から解き放たれたい、あの体験を自分のなかに落ち着かせたい……といった強烈な思いだ。文章のクオリティなどで選べはしない。岩手放送も手記の朗読放送にあたって同じ問題に直面していた。文章をわかりやすく改稿して朗読すべきか、どうか。結論は、寄せられた原稿そのままの朗読だった。

関係者一同、選べないよね、これ、と語り合って、セレクトした手記を一冊にまとめる当初のプランが、できるだけたくさんの手記を二巻に収録することに変更となった。結果、小学生から八〇代まで七四篇を収録。放送と同じく、誤字脱字など基本的な校正はしたが、文章の改稿は控えた。手記を書いた投稿者の胸の裡を思えば、安易に手は加えられなかった。さらに、ベテランとしてリスナーの信頼篤《あつ》い大塚アナウンサーの手記朗読ＣＤの封入も決まった。『大塚富夫のＴＯＷＮ』は生放送なのだが、大塚アナは毎週のこの朗読だけは事前にスタジオで収録していた。なにひとつ演出もなく、淡々と静かに襟《えり》を正してベテランが手記を読む、そんなコーナーにリスナーから続々と反響が寄せられていた。

放送に関わった大塚アナと角舘郁也《かくだていくや》（取締役放送本部長／編成局長）、姉帯俊之《あねたいとしゆき》（放送本部編成局ラジオ放送部長）、朽木正文《くちきまさふみ》（放送本部編成局ラジオ放送部）各氏の原稿に加えて、投稿者の声も収めた。沿岸で被災して現在は盛岡市に暮らすおふたりと、釜石市《かまいし》で被災して仮設住宅に暮らすおふたりに、神山浩樹《かみやまひろき》アナがお話を聞いたその模様を巻末に掲載した。一緒に逃げた父が流される瞬間をその目で見た男性は「父の死に目に会えた」と自分を納得させて、発見された遺体は「ミンチ状態だった」と呟いた。幼い我が子と離ればなれになり、再会するまでの狂乱の記憶を手記に綴った女性は、投稿を後悔した日もあったと漏らした。我が子と再会できなかった人たちがいるのに書いてよかったのか、と。第一波で流されるも命拾い、孤立した住民を救おうとして第三波にまたも呑み込まれ、首まで波に浸かりながら家の残骸にしがみついて難を逃れた元自衛官の男性。そして、高台の神社の境内から町が流されるのを見た男性は、引いては戻す波の間に、いくつもの遺体が、その断片が、あるいは生きながら漂流する人たちが流されるのを、なすすべもなく見詰めていた。後者の二人は遺体捜索で知人が発見された現場にもともに立ち会った。押し流されたコンクリをユンボが引きはがすと、知人の遺体があった。あっと思った瞬間、遺体の頭部がころりと地面に転がり落ちた。

文章からこぼれ落ちた、あるいは書こうとしても書けなかった経験がある。逆に、口にはできない感情が文章にあふれ出る。そんなものなのかもしれない。ただ、書くことによって、語ることによって、落ち着く場所をやっと見つけた被災者のこころがここにあるのは確かだ。もちろん、まだ書けない、いまだに語れない被災者も多い。投稿者のみなさんもそんな人たちの存在を思いやりながら、まず私から、まずここからと踏み出している。

そして、書くことによって自らの気持ちを鎮めるだけではなく、被災地の外の人たちに向かって呼びかける。大災害に見舞われたとき、あなたのまわりでもきっとこんなことが起こる、だから、日々こころしておいて欲しい、と。ハード面での復興に関する報道があり、あるいはあの震災に関するさまざまな統計データが発表されている。だが、それだけでは伝わらない、伝えられない「声」が「思い」がある。あなたが大災害に遭遇して生き残ることができたとき、支えとなるのはデータではなく、東北の被災地にいまあふれる小さな「声」ではないか。酷く、辛いからこそ未来への伝言となる。そう信じたい。

届かなかったファックス

届かなかったファックスがある——。

震災お見舞い申し上げます。
スタッフの皆様がご無事とのことで安心いたしましたが、現場の混乱を思うと胸が痛みます。平常に戻るのにずいぶん時間がかかるとは思いますが、どうかお身体に気をつけて少しずつ片づけて行っていただきたいと思います。神戸の地より、海文堂一同、荒蝦夷の皆様および被災地の皆様の平安を心よりお祈り申し上げます。

今は事務所が山形に移っていらっしゃるのでしょうか。このFAXは届かないかもしれませんね。仮事務所の連絡先がわかるといいのですが。

実は五月に「がんばれ！　荒蝦夷フェア」を開催したいと考えているのですが、御社の状況や倉庫の書籍がどうなっているのか、流通がどの程度回復しているのかなど、こちらでは分からないことだらけです。この大変な時期に御社の皆さんにご迷惑をかけることになるようではフェア開催の意味がありませんので、そちらの状況を教えていただきたいのです。

先のことはまだ分からないかもしれませんが、いかがでしょうか。何らかのご返事をいただけたらと思います。今はそれどころではないということでしたら、また別の機会に考えますので、その旨おっしゃってください。

まだまだ寒く、余震の心配もあります。どうかお身体に気をつけて、お元気で復旧なさいますように。

お見舞いとご提案まで。

海文堂書店　熊木《くまき》泰子《やすこ》

被災四日目、都市機能の麻痺《まひ》した仙台から山形に一時避難した私たちが、仮事務所を構えて動き出したのは三月一七日。営業再開を目ざそうにも被災地はいずこも大混乱の渦中にあった。被災地の外と連絡を繋がなければ……神戸・海文堂書店へと電話をかけた。

私が海文堂を知ったのは、一九九五年、阪神・淡路大震災下の神戸である。フリーライターとして神戸に通い詰めるなかで、その存在に触れた。二〇〇〇年に東京から仙台に拠点を移して、神戸に足を運ぶ機会も減ったが、遠く離れた東北のちいさな出版社の本たちを海文堂は受け入れてくれた。人文書担当の平野義昌さんあたりが「仙台におかしな出版社があるぞ」と嗅覚《きゅうかく》を利《き》かせてくれたおかげだろう。だが、仙台と神戸はなかなかに遠い。〈3・11〉以前に海文堂に足を運んだのは二度、いや三度だったろうか。

それでもどこに連絡しようかと思案するまでもなく、まずは海文堂だった。おそらくは私の阪神・淡路大震災の記憶がそうさせた。電話は短かった。平野さんは一瞬の沈黙に続けて「既刊をみんな送って下さい。平台あけて待ってます」。この言葉に、闇雲《やみくも》な思いで仙台から山形へ在庫を運んで、三月二九日には海文堂のレジ前の平台に私たちの本が並んでいたはずだ。この日、平野さんからメールで送られた写真を見ると、ポップやポスターに〈激励の言葉より本を売る！〉とあった。

神戸に行ったのは四月二九日だった。二八日は京都で赤坂憲雄さんと山折哲雄さんの東日本大震災をテーマとした緊急対談を取材。これはやがて東海教育研究所から

『反欲望の時代へ　大震災の惨禍を越えて』として刊行されたが、編集制作は私たち〈荒蝦夷〉が担当している。明けて二九日、赤坂さんとともに京都から足を延ばして海文堂へ。平野さんはお休みだったが、福岡宏泰《ふくおかひろやす》店長がいた。「いやあ、えらい目に遭っちゃって」と口を開く私を、福岡さんは「いや、なんにもいわんでいいですよ。私ら、わかってますから」とおだやかにさえぎった。そうか、これが神戸人か。それまで「あの日」を聞きたい被災地の外の人たちに多く出逢《であ》っていた。〈被災地〉神戸の人の、この対照的なほどに静かな対応が、私の胸を鎮めた。

そこに熊木さんがやってきた。「これ、土方さんが平野に電話をくれる前に、仙台の事務所にお送りしたファックスなんです。届かないかなと思いながら送ったんだけど、やっぱり届いてなかったのね」と、手渡された一枚の紙が冒頭のファックスだった。被災地から被災地へ。届かないかもしれないと思いながらも、それでも送ってくれたファックス。こんなファックスを送っていただいたとも知らずにかけた電話。仙台と神戸の思いは行き違ってはいなかった。

やがて〈被災〉を知るための取材に、神戸に行く機会が増えた。海文堂に立ち寄っては〈被災〉を話すよりも呑んで歌う、そんな夜もあった。互いに〈被災〉を知る者として、以前とはまた違う皮膚感覚の対話がはじまっていた。これからも続くと思っていた。

ご存じのみなさんも多いかと思うが、実は海文堂は創業一〇〇年を目前に、その歴史に幕を下ろす。このニュースに、町の本屋さんや、本そのものの未来を憂《うれ》うる声があふれている。声を共有しながらも、私たちは更に思いを沈めている。被災地に、被災者にとって、本とはなにか。被災地で本を編んで売る意味とはなにか。神戸の「あの日」からの一八年に、私たちのこれからもまた思わせられる。海文堂のみなさんと話したいことがまだまだたくさんあった。

だが、嘆くのはよそう。「激励の言葉より本を売る！」といっていただいた私たちだ。嘆きの言葉を漏らすよりも、本を編み続け、売り続けよう。「被災地と本」はどうあるべきなのか、この課題を次なる被災地へと手渡すのは、いま東北で本にまつわる仕事をしている者たちの役割となったのだから。海文堂のみなさん、この二年半余のご厚情《こうじょう》、私たちは忘れません。ありがとうございました。

第3章 瓦礫から本を生む

2013年8月〜

三度目の夏

八月七日　盛岡市へ。角舘郁也ＩＢＣ岩手放送取締役放送本部長兼編成局長の葬儀に参列。私たちが編集を担当したＩＢＣ編『未来へ伝える私の3・11　語り継ぐ震災声の記録』全二巻が刊行されたばかり。第一巻「はじめに」がご遺稿となった。「二年がすぎた。二年も経ったのではない。わずか二年しか経っていないのだ。伝えるべき被災地の声は、まだまだある」……。くも膜下出血によって勤務中に急逝。享年五一。私と同年である。ＩＢＣの復興支援室を担当されていた。ご冥福を祈るのみ。

八月一〇日　仙台市柏木市民センターで「みちのく怪談会」。黒木あるじ、崩木《くずき》十弐《じゅうに》、根《ね》多《た》加良《かりよう》、東北怪談同盟の鷲羽《わしゅう》大介《だいすけ》と、山形・宮城の若手作家や怪談好きが出演。作品朗読は関口《せきぐち》幸希《ゆき》子《こ》。山形と仙台では八回目の怪談会だが、あの日から怪談の意味もまた変わった。怪談は死者と生者の交感の物語であると痛感する三度目のお盆。

八月二〇日　池袋リブロ本店カルトグラフィアで開催中のブックフェア「東北〈可能性としてのフロンティア〉」。実際に被災地まで足を運んでくれた辻山《つじやま》良雄《よしお》マネージャーの熱意が実って、東北関連書籍五〇〇冊が一堂に会した。今日はフェア関連トークイベント「〈みちのく怪談〉事始め」。「みちのく怪談会」東京出張である。東雅夫・黒木あるじ・須藤文音・勝山海百合《かつやまうみゆり》・黒史郎《くろしろう》各氏が登壇。朗読は元仙台放送アナウンサーで東京在住の田添菜穂子《たぞえなほこ》さん。客席にも怪談作家諸氏の顔がちらほら。京極夏彦《きょうごくなつひこ》さんにもご来場いただく。

八月二三日　NHKスペシャルで私たちも企画に協力した『シリーズ東日本大震災　亡き人との〝再会〟～被災地　三度目の夏に～』放送。この夏、被災地の慰霊と鎮魂がクローズアップされた。テレビやラジオ、新聞など取材も相次いだが、この番組は佐野広記《さのひろき》ディレクターが春からじっくりと取材した作品。

八月二六日　神戸市。この九月で九九年の歴史を閉じる海文堂書店へ。「激励の言葉より本を売る！」。被災地の小出版社がどれだけこの言葉に奮い立たされたことか。海文堂のみなさんにごあいさつして、近くの居酒屋へ席を移す。海文堂・平野義昌さん、神戸新聞・平松正子さんに「くとうてん」の世良典子《せらのりこ》さんと石阪吾郎《いしざかごろう》さんが合流。悲しさやさびしさを語るよりも、バカ話をこそ。カラオケで〆。

八月二七日　神戸から京都へ。アイリーン・美緒子《みおこ》・スミスさんをたずねる。アイリーンさんとは『ユージン・スミス　楽園へのあゆみ』（偕成社）の取材でお世話になって以来だから、もう二〇年ものおつきあいとなる。福島第一原発事故についてのインタビュー。東北学院大学『震災学』第三号に掲載。

八月三一日　池袋リブロでトークイベント第二弾「仙台オヤジ編集者、池袋で語る」。川元茂プレスアート取締役と「被災地と本」をテーマに語る。司会はプレジデント社の石井伸介《いしいのぶすけ》。

九月四日　東京へ。写真家・大石芳野《おおいしよしの》さんインタビュー。大石さんとお目にかかるのも二〇年ぶりくらいか。テーマは福島第一原発事故。足繁く現地に通われて、藤原書店から写真集『福島　土と生きる』を上梓。お話はこちらも『震災学』第三号に掲載。集英社の山森利之《やまもりとしゆき》と新宿でビール。東京のライター時代、雲仙普賢岳から三宅島噴火まで私たちの災害取材を支えてくれた編集者、いわば戦友である。近況を語り合って、仙台へ帰る。別れと出会い、そして再会があった。そんな三度目の夏である。

黒塚

能「黒塚《くろづか》」を、いや、わかりやすくは「安達ヶ原《あだちがはら》の鬼婆」伝説をご存じのみなさんも多いはずだ。平安時代。旅に出た紀州の僧、東光坊祐慶《とうこうぼうゆうけい》が安達ヶ原――現在の福島県二本松《にほんまつ》市付近――で道に迷った。困り果てていると行く手に岩屋があって、ひとりの婆が暮らしていた。一夜の宿を求めた祐慶に「奥の室をのぞいてはいけない」と外出する婆。禁じられていた室をのぞくと、そこにはおびただしい人骨と屍体。さてはあれが噂に聞く安達ヶ原の鬼婆だったかと逃げる祐慶、追う鬼婆。遂に祐慶は法力《ほうりき》をもって鬼婆を退治した……さまざまなバリエーションがあるが、まずはざっとこんなところか。祐慶の建立と伝えられる二本松市の観世寺《かんぜじ》には、鬼婆の岩屋や鬼婆が人を殺した出刃包丁を洗った血の池、そして鬼婆の墓〈黒塚〉などの「史跡」がいまも残る。

年が明けた一月の一一日から二日間に渡って、この「黒塚」伝説をテーマとしたシンポジウム「フォーラム黒塚」が福島市で開催された。福島発信のダンスプロジェクトとして「黒塚」の物語を現代によみがえらせようと企画する「はま・なか・あいづ文化連繫プロジェクト」が主催した。現代の「黒塚」がやがては舞台で演じられることになるはずだか、なにはともあれまずは「黒塚」とはどんな意味を持つ物語なのかを考えてみようではないか、そんなシンポジウムだった。

初日は赤坂憲雄さん（学習院大教授・福島県立博物館館長・岩手県遠野文化研究センター所長）を司会に、東雅夫さん（アンソロジスト・文芸評論家・『幽』編集長）、山内麻衣子《やまうちまいこ》さん（金沢能楽美術館主任学芸員）、そして私もパネラーとして参加させていただいた。二日目は谷川渥《たにがわあつし》さん（美学者）、平山素子《ひらやまもとこ》さん（舞踏家《ぶとうか》）をパネラーに渡邊晃一《わたなべこういち》さん（福島大教授）が司会を務められた。

私が参加した初日のシンポジウムは、能「黒塚」のＤＶＤを山内さんの解説で鑑賞。ちょっと急ぎ足ではあったものの、初見の私も山内さんの所作などの解説を聞きながら「なるほどそういうことか」と楽しませていただいた。東さんは日本幻想文学史を繙きながら「黒塚」物語の変遷《へんせん》をたどった。私のお役目はといえば、柳田國男『遠野物語』刊行一〇〇年を期してスタートした〈みちのく怪談プロジェクト〉の展開と、地域に残る奇譚《きたん》伝説をいまに生かすさまざまな活動のご報告である。続くトークセッションでは「黒塚」を起点にしながら、東北とはなにか、東北の鬼とはなにかなどなどさまざまな意見が交わされ、会場に熱気がこもった。

地域に残る物語を地域から発信するプロジェクトは各地にある。だが、「黒塚」が、福島の物語、東北の物語であるからには、そしてそれを福島でいま語るにはどうしてもそこに違った意味が被る。山内さんは阪神・淡路大震災の被災体験を、自らが広島の被爆二世であることを語り、私は被災地沿岸で語られる生者と死者の不思議な交流の物語をご紹介した。来場者にもさまざまな思いがある。シンポジウム終了後、宮城県沿岸被災地で家族を、家を流されて、いまは福島に暮らす男性に話しかけられた。岩屋の奥の無惨に、あの日の東北が木霊する。西からやってきた僧にあわれ退治された鬼婆が封じ込められた〈黒塚〉があり、そして福島第一原発のいまがある。

東北が鬼の棲処《すみか》なのだとしたら、いま、鬼はどこにいるか。そう思ったとき、東北人は「黒塚」の鬼婆にこそこころを寄せる。

生き延びるための物語

二〇〇〇年から赤坂憲雄さんの〈東北学〉をベースとした書籍や雑誌の編集と出版を続けてきた。東日本大震災以前の東北を、一〇年余にわたって歩き、記録した。北海道生まれながら、私もまた東北の血が濃いひとりなのだが、なるほど東北とはこんな土地だったのか、東北人とはこんな人たちだったのかと、東北を歩きながらあためて思い知らされた十余年だった。

たとえば、東北にはいろいろな「不思議」がある。山形県は出羽三山《でわさんざん》の即身仏《そくしんぶつ》――平たくいえば僧侶《そうりょ》のミイラ――をご存じだろうか。月山《がっさん》・羽黒山《はぐろさん》・湯殿山《ゆどのさん》、総称して出羽三山は平安時代から山岳《さんがく》信仰の聖地として知られてきた。その信仰のひとつのかたちが即身仏だ。祈願を叶えるため、断食などの苦行の末に、僧侶が地下の穴蔵に結跏趺坐《けっかふざ》。読経しながら死を迎え、やがてミイラ化した遺体を信者たちが発掘、寺院に安置した……と、これが共通するおおまかないわれだが、山形県内だけでこの即身仏が八体現存するほか、東北六県と新潟県を含めると計一三体が確認できる。東北を中心とした信仰といっていいだろう。

あるいは、イタコに代表される口寄せ文化がある。死者の声を生者に伝えるシャーマン文化だ。青森のイタコが有名だが、呼称を変えて東北全域に存在する。『遠野物語』的世界も東北には広くある。ザシキワラシ、カッパ、オシラサマの類である。タマゴが先かニワトリが先かの感はあるにしても——「遠野にカッパとかいう不思議な生き物がいるそうだ、そういえばウチの村にも似たようなのがいたぞ」とか——『遠野物語』が世に出てわずか一〇〇年である。私にとってみれば、祖父母の時代の語りである。時代の流れに形骸《けいがい》化はしていても、あの感覚は多くの東北人のこころのどこかにいまもある。

更にあるいは、マタギ文化。山形と新潟の県境のマタギ村に、仙台在住の作家・熊谷達也さんとともに足繁く取材に通った。残雪の春山にクマを追い、仕留《しと》めたクマの肉を食べ、祭る。それぞれに作法があり、儀礼がある。「クマ祭り」の日、村外れのご神木に集まった男たちが「よーい、ほーい」と山に向かって「鳴り声」を上げるのを聴くと、「クマ祭り」とはいいながら、クマそのものだけでなく、山のそこここにいるなにものかへの畏敬《いけい》の念とそれへの祈りを感じさせられる。

海や山や川や、詰まるところは自然への畏怖や畏敬がベースなのかもしれない。人間も自然の裡にあると感得した上での生と死の近さ。この感覚が、もしかすると東北の文化の、東北人の精神の基底に確かにある。それはそうだろうと思う。東北六県の人口はおよそ九三〇万人。本州の三割を占める土地に、全人口約一億三〇〇〇万のうち、これしか暮らしていない。それだけ生活における自然の存在が大きいともいえるだろう。一〇〇万都市・仙台に暮らしていても、クルマで三〇分も行けば、山があり、海がある。それも、深い山であり、広い海である。春にはどこまでも濃い緑、冬ともなれば山も海もたやすく人間を受け入れないきびしさを見せる。このような環境のなかで、東北人は自らの文化を育んできたわけだが、もちろんこれは今回の震災への対処に、意識せずとも現われているはずだ。

そのひとつが被災地でさまざまに語られている怪異譚である。幽霊譚もあれば、ちょっと不思議な話もあるが、東北に暮らす者にとって、これはホラーでもなければオカルトでもない。実のところ、震災があったから語られているわけではなく、東北ではなんらかの不幸に対してごく普通に語られてきた怪異譚が、震災を契機に大きく噴出しただけのように思える。なにせ二万人の死である。怪異がそれだけ語られるのも道理だが、その向こうに、出羽三山信仰の、イタコ文化の、『遠野物語』的世界の、遠い呼び声を感じている。

そして、怪異にオチがあったりもする。話柄が深刻であっても、哀感が漂っていても、その背景に哄笑《こうしょう》の気配がまたある。こわがらせて、不思議がらせて、さいごに笑わせる。東北は日本昔話的なホラ話の宝庫でもある。泣きながら悲しみを笑って飛ばす。これも東北人の胸の裡に違いない。そういえば、カッパもザシキワラシもそうだ。ほんとはこわいのに、どこかユーモラスだったりかわいらしかったり、果てはゆるキャラみたいになったりもする。

東北を歩き続けた一〇年の末に「あの日」を迎えてみれば〈被災〉もまた文化なのだと深く思わせられる。この東北だから、この東北人だから、自然がもたらしたあの大災厄をいま現在のようによくも悪くも受け止めている。その背景にあるのは、土地と人が育んだ「文化」としかいいようもないなにものかだ。自然災害に対処する知恵は、〈被災〉を生き抜く知恵は、その土地の文化にこそあるのかもしれない。

土地の災害の歴史を知る、口伝《くでん》や碑に刻まれたメッセージをいまによみがえらせるなどはさまざまにいわれるようになったが、おそらくそれだけではない。人間関係の作法から食文化、その土地ならではの信仰などなど、被災地は地域文化の総体を手に〈被災〉に向き合わざるをえない。防災・減災、瞬間を生き延びる知恵、生活再建、慰霊と鎮魂。さまざまな局面で東北人は意識的にであれ無意識のうちにであれ、土地の文化の記憶を呼び覚まし、それを手がかりに生き延びている。地域の文化こそが〈被災〉を生き延びる道となった。

地域を知る、地域の「文化」を知ることが、いつか〈被災〉に相対する日、そこに暮らす人たちの生と死にまっすぐに繋がる。そんな気がするのだが、さて、この「予感」と「実感」を次なる被災地にいかに伝えればいいものか。

災害列島の「平和と安全」

伊豆大島の土石流の映像に、二年半余り前の東北の津波被災地の惨状を思い起こした人たちも多いのではないか。家がクルマが、町そのものが流されてぶつかりあって瓦礫と化す。瓦礫の町で自衛隊員が生存者を捜索する。この原稿を書いている時点で、一七人が犠牲となり、四三人が行方不明となっている。まさに「山津波」である。「誰かいませんか！　声を出して下さい！」と瓦礫の夜に叫ぶ中継映像に、思わず目を逸《そ》らした。

自然災害のニュースに触れるたびに、東日本大震災の取材でお話を伺ったある地震学者のことばを思い出す。……日本は平和で安全だといいますが、ほんとうにそうでしょうか。戦後六八年、確かに戦争はなかった。犯罪も諸外国に較べて少ない。一見、平和で安全に見えます。けれども、自然災害の被害はどうか。この国で、自然災害の被害者や犠牲者が出ない年はない。たとえば、戦後六八年、自然災害で亡くなった人たちはどれくらいになるか。被害総額はどれくらいになるか。もしかすると、ちょっとした戦争と同じくらいの惨禍を、この国は経験してきたのかもしれない。これからも経験していくのかもしれない。この災害列島に生きる限りは、誰がいつどこで被災者に犠牲者になっても、家族や家屋や財産や仕事をなくしてもおかしくない。自然災害を抜きにすれば、日本は平和で安全かもしれません。けれども、自然災害の被害の大きさを思えば、日本は平和でも安全でもないのではないでしょうか……。

確かに。地震だけではない。火山の噴火もあれば、台風もある。竜巻だって地を走る。土石流に土砂崩れ、あるいは大雨に大雪。猛暑に倒れる人がいて、小雨に被害を受ける農作物もある。自然による惨禍や被害に思いをめぐらせれば、そしてそれが毎年のごとく繰り返されていると思えば、気が遠くなる。この六八年に、自然災害による死者は、行方不明者は累計どれくらいなのか。倒壊家屋は焼失家屋は流失家屋は、累計どれくらいなのか。被害総額は累計どれくらいなのか。彼のことばが胸に残り、日々の合間に、戦後六八年の自然災害の総合データがないものかと探したのだが、これが、ない。地震なら地震の、台風なら台風の記録や研究はないではない。だが、自然災害全体をカバーした総合データになかなかめぐり会えない。

日本自然災害学会にも問い合わせてみた。「地震とか台風とか、それぞれのデータはありそうですが、すべてを総合したデータは聞いたことがない」とのことだった。実は、かの地震学者も「それぞれの分野の専門家がそれぞれの災害の統計は取っているけれど、日本列島の自然災害全体のデータはないのではないか」といってはいた。

自然災害もまた、それぞれの専門分野に細分化しているということなのか。それでも、この災害列島である、どこかに災害を考えるためのそんなデータがあってもいいように思うのだ。さもなくば、さまざまな記録を細かく足し上げてみるしかない。試みに、私が現場に立った雲仙普賢岳噴火、北海道奥尻島津波、阪神・淡路大震災、東日本大震災を累計すると死者・行方不明者二万六八八五人、全壊・流失・全焼など建物被害五〇万九八二一棟となった。

ところで、福島第一原発からの「汚染水はコントロールされている」そうで、その発言ばかりが取り沙汰されたが、確か東京の「安全」も強調してはいなかったか。東京は、この災害列島はほんとうに平和なのか、安全なのか。津波被災地の更地の荒野を思い返しながら、テレビの向こうの山津波の惨状に思いをめぐらせながら、そう思う。

写真に残る風景

写真を撮り続けた。そもそも写真は好きである。東京でフリーの編集者として、写真集の編集を手がけた。本橋成一《もとはしせいいち》さん、宮崎学《みやざきまなぶ》さん、関野《せきの》吉晴《よしはる》さん、長倉洋海《ながくらひろみ》さん、奥野安彦さん、桃井《ももい》和馬《かずま》さん、村田《むらた》信一《しんいち》さんなどなど名だたる写真家のみなさんと仕事をさせていただき、写真家のインタビュー集も出せば、ユージン・スミスの児童向け伝記も書いた。写真展の企画もずいぶんとやった。二〇〇〇年に仙台に拠点を移してすっかり縁遠くなってしまったが、明けても暮れても写真、そんな日々があった。

仙台では、自分で撮るようになった。ひとつには、デジタルカメラの普及がある。誌面に使う写真を、手軽に安価に、しかもそれなりに撮ることができる。もうひとつには、なにせ貧乏零細出版社、プロに撮影を依頼する余裕がなかったりもして、そこでちょっとした写真は自分で撮るようになったわけである。

三月一一日もそうだった。あの日、揺れが収まって最初に撮ったのは自分たちの車中泊だった。次の朝から、ぐしゃぐしゃになった事務所、全壊となった自宅マンション、お世話になった炊き出しの現場、行き場をなくして転がり込んだお寺の本堂、移動中の市内のそこかしこ……などなど、なんだか手当たり次第に撮っている。山形に一時避難中の写真もある、関係者の安否確認の写真もある、津波に呑まれたアルバイトスタッフの父親の通夜の写真もある。沿岸の本屋さんをまわった写真もあれば、取材のために沿岸被災地に通った写真もある。瓦礫に埋もれた大川小学校、土葬の仮埋葬場、焼けただれた町、波に呑まれた町、海に沈んだ町。捜索や支援にあたる人たち。この二年半余の「あのとき」が画面に刻まれている。

パソコンに取り込んだ写真を、誌面に載せるためにたびたび見なおす。私が撮った写真だけではなく、同僚やスタッフが撮影したものも含めると膨大《ぼうだい》な枚数となるのだが、見るたびに写真を撮ったそのときの感情がよみがえる。ああ、あのときはこうだったな、こんなことを考えながら撮った写真だな……パソコンの画面を見ながら、ときに胸苦しくなったりもする。

だが、私たちが撮り収めた風景のほとんどは既にない――と、ここまで書いたところで余震。揺れやがった――水は引き、あるいは排水された。瓦礫は撤去された。建物の土台まできれいになにもないところもある。奇妙に見晴らしのよくなった更地が沿岸に広がっている。私たちが見てきた被災地の風景は、既に失われた。記憶のなかや、パソコンの画面のなかに残るだけになりつつある。

もちろん、あの風景は消えなければならないものだった。消えてくれなければ、これからがはじまらない。消えることが次の一歩へと繋がると信じられなければ、耐えられない。

だが、記憶や記録から消してはいけない風景であることもまた確かだ。またいつか来る日のために伝えるべき風景でもあるのだから。風景を消すか、消さぬか。沿岸被災地で議論が巻き起こっている。気仙沼市のはるか内陸に津波によって打ち上げられた巨大な漁船は解体された。南三陸町の骨組みだけが残った防災対策庁舎の解体は、その決定が二転三転している。残すべきか、残さざるべきか、住民のこころはいまだに揺れている。

そんな私たちの写真なのだが、ここに来てある役割を果たしてくれるようになった。各地の震災報告会などからお声がかかると、画像を映写してお見せしてはいた。現地の状況を外のみなさんに知っていただこうと思ってのことだった。だが、風景そのものが消えてしまえば、これらの写真は現状ではなく、あのときの状況であると、ひとことお断わりしなければお見せできない。それが、こんどは逆に被災地の外から来られた人たちに、ここでなにが起きたのかを知ってもらう、そのための写真となってくれる。

というのは、被災地の外からのみなさんを現在の被災地にご案内しても、目の前にあるのはただの更地である。そこになにがあったのか、どんな町が、どんな暮らしがあったのかを知らない人たちに、ここでなにが起きたのかをお知らせするのはとてつもなく難しい。なにしろ、目の前にある現実は、草茫々の空き地でしかないのだ。そんなとき、あのころの写真をお見せする。あのころの状況と眼前の現実の落差が、どうやらなにが起きたのか想像してもらうためのひとつのきっかけとなる。

写真を見ながら、実は更に思いが過ぎたりもする。あのころの状況には、もちろんその前がある。瓦礫と化す以前の、なにごともなかった、たとえば漁村の風景。その風景をも私たちは知っている。あのころ以前のそこから語りはじめるべきなのではないか、そうも思うのだ。

風景を消してしまいたい、残したい。記憶を消してしまいたい、いや、記憶を記録として残さなければならない。被災地に暮らす者として、どちらの思いも痛くわかる。風化させてはいけない。だが、風化は、忘却は、また自己防衛にも癒《いや》しにもなり得るのではないかとまで思えば、迷いは深まる。やれやれである。

さて、私たちの写真だが、どうして撮ったのか、ふと不思議に思う瞬間がある。職業柄といえばそれまでだが、あの状況にあって身辺雑記としかいいようのない写真もある。画面のなかの自分たちを、仲間たちを見て、そうか、こんな顔であのときをやり過ごしたのかとひとりそう思わされたりする夜もあるのだが、まずはそれでよしとしよう。

本の力

別れを惜しむ人たちでごった返す海文堂閉店の映像をネットで見ながら、ああ、あのころもこんなだったなと思い出していた。あのころとは、一九九五年、阪神・淡路大震災に見舞われた神戸が、いまだ混乱の渦中にあったあのころである。雲仙普賢岳噴火に北海道奥尻島津波と、私にとって災害取材がひとつのテーマとなっていた。阪神・淡路大震災発災の次の朝、夜明けとともに自転車で神戸に入り、以来一年間、自宅のあった東京よりも神戸で過ごす日々が多かったはずだ。

海文堂にはじめて足を踏み入れたのがいつだったか、はっきりとは憶《おぼ》えていない。食べるところがまだまだなくて、ライフラインが復旧していなかったためか露天にずらりとまるで炊き出しのように営業を再開した南京町《なんきんまち》によく通った。おそらくその行き帰りだったのではないか。本屋さんが営業再開している、そしてお客がたくさん入っている……この光景は海文堂だけでなく、神戸のほかの本屋さんにも見られた。そうか、こんなときでも人は本を求めるのだな、いや、こんなときだからこそ求めるのかもしれないな。そう思った。

相棒の写真家・奥野安彦と、阪神・淡路大震災一年を期して、写真集『瓦礫の風貌 阪神淡路大震災1995』をリトルモアから刊行した。売り上げを被災地の障害者支援のために送った。海文堂にも並べてもらった。奥野とふたり、五年間は神戸に通い続けると決めていた。その間も、海文堂には客として幾度も足を運んだ。

そして、二〇〇〇年、私は東京から仙台へと拠点を移した。直接的なきっかけは、旧知の民俗学者・赤坂憲雄さんから「東北学を立ち上げるから、お前、ちょっと手伝え」とお声がけいただいたからだった。仙台は大学四年間を過ごした土地である。迷いはあったが、神戸が私の背中を押した。というのは、私は実は北海道生まれである。

ご存じの通り、地縁・血縁にあまり縛られることのない北海道人にはコミュニティ感覚が希薄《きはく》だ。仙台でも東京でもコミュニティの力を感じることはなかった。いや、そもそも感じるセンスを持っていなかったのかもしれない。それをはじめて見せつけられたのが神戸だった。そうか、これがコミュニティの力かと、そう思わせられる瞬間を震災下の神戸で経験した。そして、もしかしたらと思った。北海道はさておき、あの仙台で、自分はなにかを見落としていたのではないか……。赤坂さんの声に、東北から呼ばれたような気がした。

仙台に移ってしまえば神戸はなかなかに遠い。足を運ぶ機会も減ったが、取材を通じて知り合った天涯孤独の被災者のおばあちゃんとの交流だけは続いた。彼女の死を見届けて奥野と共著で写真絵本『てつびん物語　阪神・淡路大震災　ある被災者の記録』を偕成社から刊行したのは二〇〇四年の年末。阪神・淡路大震災から一〇年目を目前にして、ひとつの区切りとなった。いよいよ神戸との縁も切れたかと思ったのだが、仙台の事務所に海文堂の平野義昌さんから電話が入ったのは二〇〇六年の年末、いや、年を越えて二〇〇七年に入っていたか。私たちがフリーの編集者集団から法人化して出版活動を始めた最初の一冊『X橋付近　高城高ハードボイルド傑作選』のご注文である。

遠く離れた仙台のちっぽけな出版社がおそるおそる出した本を、よくもまあ海文堂がと思ったら、千鳥足純生《ちどりあしすみお》さんら神戸のミステリファンたちがやいのやいのとリクエストして下さったらしい。電話口の平野さんに、個人的な阪神・淡路大震災との関わりや海文堂の思い出をお話しして、ふたたび神戸との縁が繋がった。平野さんは、以後、遠い東北の小出版社と繋がり続けてくれた。

仙台から海文堂に向かったのは二〇一〇年だった。確かこの年、二度ほどお邪魔しているはずだ。なにせ、仙台の出版社である。とにかく東北にこだわった本ばかり刊行している。なかなか東北以外の本屋さんにお邪魔する機会がない。けれども、この年はちょっと違った。柳田國男『遠野物語』刊行一〇〇年の記念の年だったのである。赤坂〈東北学〉と行をともにしてきた私たちも、関連書籍の刊行を続けた。『遠野物語』であれば、東北のみならず、全国各地に興味のある読者がいるのではないか……というわけで、久しぶりの神戸、久しぶりの海文堂だった。

海文堂にも『遠野物語』関連の本を並べてもらって、さて、今年は仙台に拠点を移して一〇年目、あれも出したいこれもやりたいと思っていたところに三月の東日本大震災である。海文堂のみなさんが「激励の言葉より本を売る!」を旗印に、危機に瀕した私たちを支えてくれた顚末は、これまでもご紹介させていただいたが、ちょうどそのころ、私は私で仙台にあってあのころの神戸を思い出していた。営業を再開した本屋さんに人が押し寄せていた。ああ、神戸と同じじゃないか、やはりこんなときこそ人は本を求めるんだ、と。

　被災地と本。あるいは被災者と本。これは実はこの災害列島に暮らす者にとって意外と重要なテーマなのではないか。自らも被災者になってみて、そんな気がしている。打ちのめされた人たちが立ち直るためのひとつのきっかけとなる力を、本は持っていはしないか。生活再建のためのハウツー本だって要る。落ち着かぬ気持ちを鎮めてくれる文学作品もある。厳しい現実からひととき逃れさせてくれる娯楽だって被災地には欠かせない。きっとこれは神戸と仙台だけではない。これからの、未来の被災地でも「あの光景」はおそらくは繰り返される。神戸と仙台を結んで、被災地と、そして被災者と本との物語をもっと語り合いたかった。

　もしかして、と思う。海文堂に別れを惜しんだあのたくさんの人たち――とりわけ阪神・淡路大震災を経験した人たち――は、町の本屋さんが消える、そのことだけではなくて、もしかして神戸のこの一八年にもなにがしかの思いを残そうとしていたのではなかったか。被災の後輩はそんなことも思ったのだが、いかがだろうか。

〈被災〉の思想

年が明けた一月一九日。兵庫県尼崎《あまがさき》市に向かった。阪神・淡路大震災から一九年を迎えたかつての被災地である。ここに東北被災地の支援ボランティア〈東日本大震災復興支援尼崎ネットワーク〉がある。代表は社会福祉法人阪神共同福祉会の中村大《なかむらだい》蔵《ぞう》理事長。足繁く東北被災地へと通う中村さんの目に留まった一冊の本が、宮城県気仙沼市で津波によって父を亡くした須藤文音の文とイラストレーターの下河原幸恵の絵による『地震のはなしを聞きに行く　父はなぜ死んだのか』だった。〈荒蝦夷〉の元アルバイトふたりが、地震学者の話を聞きながら地震や津波の正体を児童向けに解説した本である。この編集を私たちが担当した縁で、中村さんとの繋がりが生まれ、須藤、下河原、そして私が「震災を忘れない集い」と題したイベントのゲストにお邪魔することとなった。主催はこの日の司会を務めた社会福祉法人平成会の粟野真造《あわのしんぞう》さんが代表を務める〈地域を結ぶ笑顔の会〉。阪神・淡路大震災の復興住宅入居者の支援や東北被災地の支援を続ける団体である。

空港から阪神・淡路大震災の復興住宅にご案内いただいた。集会室で仮設住宅からこの復興住宅に入居した女性にごあいさつ。かつて神戸に通い詰めた私にはいつか見た光景だが、若いふたりは「こんなのが東北にも建つんだね」と興味深げである。会場となったJR尼崎駅前の小田公民館ホールに入った。受付や会場の壁面には、阪神・淡路大震災関連のパネル、東日本大震災関連のパネルが。東北各地のパンフレットや資料もあれば、『地震のはなしを聞きに行く』や、私と写真家の奥野安彦が阪神・淡路大震災一〇年を期して刊行した写真絵本『てつびん物語　阪神・淡路大震災ある被災者の記録』の販売コーナーもある。

開演が近づくと、二〇〇席ほどのパイプ椅子がほぼ埋まった。イベントは阪神・淡路大震災と東日本大震災の記録映像の上映にはじまり、稲村和美《いなむらかずみ》尼崎市長のあいさつ（尼崎市は気仙沼市に継続支援を続けている）から中村さんのスピーチと続き、須藤の語る被災体験、映像を交えた私たち三人のトークと進んだのだが、記録映像は途中で途切れ、三人のトークは時間が足らずに終わり……と、なんとも締まらない。だが、それでも私たちの話に尼崎の人たちは熱心に聴き入ってくれた。東北から関西に移住した人たちも客席にいて、あれこれと声をかけてもいただいた。離れて故郷を思う人たちの声にこころ打たれる。そして、イベント終了後は、津軽三味線のライブハウス「和楽」へ。みごとな東北の音に酔いしれて、関西の夜は更けた。

東日本大震災を経験してから、阪神・淡路大震災の被災地に足を運んだのはこの日で六回目となった。阪神・淡路の被災体験者の声を、いま、東北被災地でどのように聞くべきか、その取材のためである。阪神・淡路大震災取材で知り合った人たちもいる、東日本大震災を契機に知り合った人たちもいる。そんな人たちと接して気づくのは、互いの構えである。共通の体験があり、認識がある。もちろん差異もあるのだが、それもまた互いに認めている。そんな〈被災〉に対する共通した感覚が、互いの交流の構えのどこかにある。「みなまで話さずともわかる」とでもいえばいいか。

実はこのような〈被災〉の経験者たちは各地にいる。終息まで足かけ六年を要した雲仙普賢岳噴火による長崎県島原市の、あるいは北海道奥尻島津波の被災者たち。いずれも阪神・淡路と同じく、かつて私が取材に通った被災地である。東日本大震災を経て、島原や奥尻との縁も復活した。

雲仙普賢岳噴火の取材で知り合った島原新聞専務取締役の清水眞守《しみずまもる》さんとは、仙台で再会。夜の沿岸被災地を歩きながら、清水さんは「これをオレに見せるかよ」と呟いた。やがて、清水さんや金本金栄《かなもとかなえ》島原新聞記者、被災者のケアにあたった保健師の中島禮子《なかじまあやこ》さんらのあのころの島原を振り返るレポートが届いた。そして、奥尻町議会議長の麓敏也《ふもととしや》さんは、自らの被災体験と仮設生活の回想を送ってくれた。いずれも私たちが編集を担当する東北学院大学の『震災学』三号に掲載させていただいている。

私が知る被災地を例に取ったが、おそらくこの列島のあちらこちらいたるところに〈被災〉の経験者はいる。地震や噴火、津波だけではない。台風があり、洪水があり、地滑りがあり、竜巻がある。災害列島とはまた、あまたの被災体験者が生きる地でもある。そして、今日の被災者は明日の「被災体験者」となる。かつての被災者の声に、現在の被災者が学べることも多いはずだ。被災を経験した人たちがいま漏らすことばは、私たち東北被災者の明日への道しるべともなる。

各地の被災者が、被災を経験した人たちが繋がり、語り合い、知恵を出し合えば、実のある「復興」を現出させることができるのではないか。被災地の、被災者のネットワークは、次なる被災地と被災者のためのなにかを生み出せるのではないか。これからのこの列島に生きる私たちには普遍的な「被災の思想」が、きっと必要になる。今日を安全に平和に過ごすあなたが、明日の被災者なのかもしれないのだから。

四年目のはじまる前に

かれこれ一〇年、盆と暮れだから合わせて二〇回か。

仙台に生まれ育って、東京の出版社で編集を務める男がいる。私とはもう二〇年以上のつきあいだ。彼が仙台の実家に帰ってくるたびに、仙台の本屋さんたちと呑み会をやる。だから、盆と暮れなのだが、ときには東京の出版社で働いていて、彼と同じく実家が東北の編集者や営業マンも顔を出す。年末年始のこの季節、仙台だけでなく〈ふるさと〉の本屋さんはいそがしい。東京を離れた〈読者〉はどこにいるのか。もちろん故郷にいる。東京の本屋さんでなかなか出会えない地域の本がここにある。年末年始の故郷の味とともに、あまり見かけない地域の本に目が向く。年末年始は〈ふるさと〉の本屋さんの書き入れどきとなる。

……というわけで、本屋さんで働くみなさんのいそがしい時期だけに、都合がつけば集まろうよ、くらいの忘年会である。今年もいつもの台湾料理屋さん「香満楼」でわいわいとはじまったのだが、それにしても景気のいい話がない。やれやれではあるのだが、気がつけば震災を経て六回目の定例の呑み会である。酔眼にこの三年がよみがえる。

半ば意地のようにみんなが集まった二〇一一年夏。ひとりずつ恒例の近況報告をするのだが、いつもは短く終わるこの報告がなかなか終わらなかった。近況報告だけで二時間かかった。それぞれのあの日からの公私からまりあった苦闘を静かにじっと聞く。ひとりが嗚咽《おえつ》を漏らした。それがきっかけだった。みんな目を潤《うる》ませ、それでもやけっぱちのようにバカ笑いしながら過ごしたあの夜を思い出す。

あるいは、退職や転勤の報告の場ともなった。転勤で仙台を離れる彼は大きな声で「ぼくは仙台が好きなんです、いつかかならず帰ってきます」と宣言した。戦友が去るようなさびしさだった。家人が職を失った女性の報告もあった。そして、被災して内陸に移転した会社に再就職がかなった報告があった。

そんなことを思い出していると、この三年間に被災各地の本屋さんで目にした耳にしたさまざまな場面が声がよみがえってきた。……海水に浸かった本を片づけながら「こんなときこそ被災地の本屋と版元でがんばるぞ」と背中をどやしつけてくれた。

津波が突き抜けた売り場で話すうち「あんたたちがやるっていうんなら、ウチもやってみるか」と呟いた。再会のあいさつをしている最中に緊急地震速報が鳴り響いたかと思ったら大きな余震。揺られながらお互いの目をじっと見合わせたままからだが固まった。余震のたびに棚から文庫がこぼれ落ちるのを止めるため、ちょうど背のあたりにびしっとビニールテープを張り渡したが「これでも駄目なんだよな、イヤになるよ」とこぼす。

プレハブで営業再開した本屋さんもあれば、家族を亡くした本屋さんもあった。不幸を知らずに新刊案内をお送りして、「こんなときになんだ」と悲しみと怒りの電話をいただいた。仮設住宅に本を送り届ける本屋さんがいた。便乗本の山を前に怒りを隠さない本屋さんがいた。福島から避難して本屋さんで働きはじめた若い女性は「家族は福島へ帰りますが、私はここに残ります」といいながら、大きなお腹をやさしく撫でさすった。

「遠くで避難生活を送ることになったから定期購読やめさせてね、ごめんねってお客さまがわざわざ電話をくれた。そんなこと気にしている場合じゃないですから、お客さまこそお元気でって」――「定期のお客さまがあれ以来ぱたっと取りにいらっしゃらなくなった。もしかしたらと思ったら、やはり駄目でした」――バイクで配達に走りまわっていた町が消えた。それでも無事だった内陸のお得意さまの家々へ、仮設住宅へと瓦礫を縫って走る。目の前の瓦礫の荒野が信じられない。営業を再開したパーマ屋さんが雑誌の定期購読を取りやめた。それはそうだよな、しかたがないよな――。

福島第一原発事故旧警戒区域、無人のコンビニ。雑誌のスタンドには二〇一一年三月の雑誌が並んでいた。女性ファッション誌の華やかな表紙が日に焼けてすっかり色あせていた。とある雑誌の特集は「死ぬほど怖い日本禁断スポット」……。

この三年間のさまざまな「本の現場」が思い出されるが、それにしても「営業再開の日はスゴかった、まだ食べ物にも不自由していたころだったのに、どっとお客さまがやって来てくれた。なんだ、みんなそんなに本を求めていたのってびっくりしたわ」「本屋をやっていてホントによかった」と、晴れやかな記憶もまたある。

いかに景気が悪くとも、どうやらここで本を編み、本を売る私たちは、本への信頼のようななにものかをこの三年間で深めてしまったようだ。きびしい経験だったからこそ、なおさらに。私たちの送り出す本は、どんな読者の許に届くだろうか。仮設住宅でひとり頁を繰る人もいるだろう。あるいは仮設住宅の集会所の本棚に収まる本も、再建された図書館に並んだりする本もあるだろう。避難生活を送る住まいにも、あるいは再建新築した住まいにも読者はいるだろう。もちろん日常を取り戻した生活のなかで本を手に取る読者もいるはずだが、そんな読者の許で私たちが送り出した本がそれぞれに場所を得てくれることを願って、さて、あの日から間もなく三年である。

我らが読者へ

二〇一一年秋の週末だった。私は営業再開に溜まった仕事を整理しようとひとり事務所にいた。と、読者からのお問い合わせの電話。

「あんたんとこで『仙台学』って雑誌の震災特集号、出してるさ。欲しいんだけど」

おばちゃんに聞けば、住まいは仙台のとなり町である。海に面して、被害を受けた。

「なら、あそこの本屋さんにありますよ」

「んなこといったって、いま、あんたんとこのマンション前さいるから」

電話が切れるやいなやピンポンと鳴り、おばちゃんが玄関にすわり込んだ。

「いやあ、津波に流されてさ。助かったのはいいけど、三か月も入院してたんだ」

津波肺だろうか。ガソリンなど有害物質を含む海水を飲み込んだ人たちが肺に炎症を起こして入院していた。だが、いまは晩秋《ばんしゅう》。三か月入院したにしても、計算が合わない。

「それが、退院して家にいるのはいいんだけど、どうしても外に出られない。外にいてまた津波が来たらって思うと、こわくなんだ。毎日の買い物もダンナに頼んでんだよ」

精神的に立ち直れないのだろう。ならば、仙台市内のここまでどうして来られたのか。

「このままじゃいけないと思ってさ。ダンナのクルマでここまで来たんだ。あんたんとこの雑誌、河北新報で紹介されてんの、入院中に見たんだ。退院したら読まなきゃって思ってた。だから、よし、今日は出かけるぞって決めて、あんたんとこの住所を調べて、ここまでクルマで来たのっしゃ。退院して家の外さ出たの、今日がはじめてなんだよ」

あんたんとこ、ほかにどんな本を出してんの、そうか、これとこれももらおうかな……本を渡して、堪《たま》らず見送りに出た。事務所のマンション前に、一台のクルマ。運転席に不安げな初老の男性がいた。目が合った。ほっとしたのか男性はにっこりと頭を下げる。助手席で手を振るおばちゃんを乗せて、クルマは走り去った。

二〇一一年秋のある日の出来事である。名前も住所も聞かなかったが、おばちゃん、元気でいるか。いまもときおり、そう思う。私たちの手で作った本を、あなたに確かに渡した。あの津波からもうすぐ三年。元気でいるか、おばちゃんよ、我らが読者よ。

第4章　底なしの日々

２０１４年３月〜

二〇一四年三月一一日

三月一日　午後三時。〈せんだいメディアテーク〉で東北大学出版会の小林直之さん、プレスアートの川元茂さんと私の「仙台オヤジ編集者三人衆」で「在仙編集者による震災トークライブ」。この一年に刊行された震災関連本三〇選について二時間にわたって語る。昨年に続いての選書。恒例となりそうだ。

三月四日　午後一時、エフエム仙台で「Radio Kappo」収録。川元さん、三浦奈々依さんと今年の震災関連本について話す。これまた昨年に続いての放送。

三月五日　東北学院大学で新刊『After 3.11　東日本大震災と東北学院』刊行記者発表。学校法人東北学院がこの三年間をどのように乗り切ったか、その記録集。編集制作は同学東日本大震災アーカイブプロジェクト委員会。発売は〈荒蝦夷〉。さまざまな立場で地域社会とともに在る組織の記録集が刊行されている。震災を語り継ぎ、次代に繋ぐ試みが続く。

三月六日　赤坂憲雄エッセイ集『福島へ／福島から　福島民報〈日曜論壇〉2004

～2013』刊行。福島民報紙上で一〇年間にわたって書き継がれた赤坂さんのエッセイをまとめた。帯には「あの日までの福島。あの日からの福島」。袖に赤坂さんのことば――「故郷は蘇らねばならない」。

三月八日 『奥松島物語』第二号刊行。『幻の野蒜築港 明治初頭、東北開発の夢』で河上肇賞を受賞した西脇千瀬さんの責任編集、赤坂さんの監修。消え去った地域の記憶を紙に留める。午後、東京へ。〈3・11〉に合わせてウチの本を並べてくれている丸善丸の内本店の永田《ながた》一成《かずなり》副店長にごあいさつしたあと、墨田区の〈みどりコミュニティセンター〉へ。「ふるさと怪談トークライブ at東京」である。二〇〇人の会場はぎっしり。二時間余のイベントの総合司会は東雅夫さん。黒木あるじさんと私が冒頭で〈みちのく怪談〉支援のお礼と、寄せられたチャリティがどのように使われているのかをご報告。トークの〆は京極夏彦さんの朗読に森繁哉《もりしげや》さんの舞踏。松村知紗《まつむらちさ》さんのオシラ祭文と相俟って圧巻。笠原裕介《かさはらゆうすけ》戸田書店山形店店長と東京泊。

三月九日 私たち仙台や被災地の出版社の本を含めた震災関連本ブックフェア開催中の紀伊國屋書店新宿本店へ。担当の千葉拓《ちばひらく》第三課課長は、昨年まで仙台店に勤務。昨日の丸善丸の内本店の永田副店長も仙台店に長く勤められていた。東北に縁ある書店員さんたちが、各地で〈3・11〉を忘れずにいてくれる。ありがたい。ニッポン放送の「上柳昌彦《うえやなぎまさひこ》ごごばん！」の震災特集〈東日本大震災から3年 東北の今、そしてこれから〉の収録。仙台へ帰る。

三月一一日 出勤途中に市内の献花台で合掌。午後二時、東北学院大学東日本大震災三周年記念礼拝。昭和七（一九三二）年建設の礼拝堂に響きわたる讃美歌《さんびか》が胸に沁《し》みる。引き続き姜尚中《カンサンジュン》さんの講演「犠牲のシステムを超えて——ミナマタ・ヒロシマ・フクシマ」。今日から四日間にわたって東北学院大学で開かれる日本基督教団東日本大震災国際会議「原子力安全神話に抗して——フクシマからの問いかけ——」の記念講演。夜は仲間たちといつもの「香満楼」へ。

三月一二日 曇天に冷雨。現在の死者・行方不明者一万八五一七人。震災関連死三〇四八人。仮設住宅など避難生活者二六万七四一九人。昨日の岩手日報一面コラム「風土計」より——「震災3年は節目ではない。月日は何の薬にもならない」。

三月一五日 川元さんと茨城県水戸市へ。ブックエース川又書店主催の東日本大震災以降の全出版記録「本の力」展で「東北から茨城へ——東日本大震災を、今読む」と題して震災関連本トーク。東北被災三県はどうしても自分たちのことで手いっぱい。なかなか北関東の被災には手が届かない。だが、災害は県境など軽々と越えて、茨城もまた被災地である。全国の被災者よ、かつての被災者よ、団結せよ。さて、四年目がはじまった。

失ったなら、生み出さなければ

二〇〇人収容の会場は満席である。照明が落ちて、京極夏彦さんの朗読がはじまった。作品は「けしに坂」。短篇集『眩談』（角川文庫）に収録されている、記憶することと——あるいは記憶しないこと——を描いた、まさに読者を聴衆を眩惑《げんわく》する一編である。京極さんの男性的でありながら艶々《つやつや》しい声に、舞踏家の森繁哉さんと松村知紗さんがからむ。

森さんの怪談の語りに合わせた舞踏は、今日がはじめてではない。二〇一〇年秋、仙台文学館の〈みちのく怪談トークライブ〉では、エフエム仙台の石垣《いしがき》のりこアナウンサーの朗読にからんでいただいた。二〇一一年一二月、東京・ポプラ社大ホールの〈ふるさと怪談トークライブ〉ではやはり京極さんと、二〇一三年一月の新潟県十日町市まつだい郷土資料館〈ふるさと怪談ことはじめ〉では東雅夫さんや黒木あるじさんと共演している。

山形県大蔵《おおくら》村に暮らす森さんの舞踏は、この一五年間、折に触れて観てきた。あの日を境に森さんの舞踏には凄《すご》みが増したように感じられる。その世界を文章やことばでご紹介するのがほんとうに難しいのだが、〈舞踏〉は〈身体芸術〉であるという。

ならば、森さんがこの三年間に身を以て経験してきたさまざまなことどもがここにあるはずだ。宮城県東松島市ですべてを津波に流されながら、かろうじて九死に一生を得た親族の支援に奔走した森さんを知る私にとってはなおさらその感が強い。朗読と舞踏のフィナーレは松村さんのオシラ祭文。東北の大地が育てた語りに森さんの太鼓が被って、鳥肌が立った。しばらく拍手が鳴り止まなかった。

三月八日夜。東京都墨田区みどりコミュニティセンター多目的ホール。〈ふるさと怪談トークライブ at 東京〉のひと齣である。〈みちのく怪談〉と〈ふるさと怪談〉については、これまでもご紹介した。柳田國男『遠野物語』刊行一〇〇年の二〇一〇年、私たち〈荒蝦夷〉が中心となってスタートした〈みちのく怪談プロジェクト〉。東日本大震災発災を機にその支援のためにはじまった〈ふるさと怪談トークライブ〉。入場料や売り上げ、あるいは京極さん揮毫の「みちのく怪談支援募金箱」に寄せられたチャリティを、初年度は私たちが〈みちのく怪談プロジェクト〉継続のための資金として使わせていただいた。二年目は赤坂憲雄さんが所長を務める遠野文化研究センターの〈三陸文化復興プロジェクト〉に、三年目からは高成田享さんが主宰する震災遺児・孤児のための学資支援のNPO〈東日本大震災こども未来基金〉にチャリティは送られている。

この日はその〈ふるさと怪談トークライブ〉の、まずは三年間の締め括りともいうべきイベントだった。事務局長を務めるフリーライター門賀美央子《もんがみおこ》さんの呼びかけに、北は北海道から南は沖縄まで、全国各地で〈ふるさと怪談トークライブ〉を繰り広げてきた作家、編集者、研究者、怪談好きたちが参集。それぞれの〈ふるさと怪談〉を語って、そのラストが京極さんと森さんのステージだった。打ち上げのダイニング・バーでも〈ふるさと〉談義と〈ふるさと怪談〉談義が続き、名古屋の〈ふるさと怪談〉メンバーは「あいち妖怪保存会紙芝居　むさんどさん」（作画は第二回と第三回のみちのく怪談コンテストで佳作入賞の岩里藁人さん）を披露《ひろう》。名古屋弁で語られる痔《じ》を治すカッパの物語に大爆笑したが、宮城県の鹽竈神社に繋がるオチにもおどろかされて、楽しい宴《うたげ》となった。

三月八日といえば、実は個人的には強行軍の上京ではあった。〈3・11〉に向けて、被災三県では慰霊祭などさまざまな行事が相次ぐ。来客や取材もある。新刊も出さなければならない。それでも、この席だけはと新幹線に飛び乗ったのだが、四度目の三月一一日を三日後に控えて、知らず知らずささくれていた私の気持ちを慰撫してくれる、そんな善《よ》きイベント、善き夜となった……のは確かなのだが、なかなか素直にそうは書けないところもある。ここに至る契機があの震災であってみれば、被災地に暮らす者としては「よかった」と口にするのにためらいがある。犠牲者が、遺された人たちの苦悩が、いまも避難生活を送る人たちの苦難が脳裡を過る。屈折にもほどがあるとわかってはいても、そんな日々にあって「よかった」と書こうとするとこころが乱れる。だが、今回は素直に「よかった」といわせていただきたい。

なにかが失われたら、なにかが生まれなければならない。いや、なんとしても生み出さなければならない。たとえそれが文学のひとつのジャンルに過ぎない〈怪談文芸〉であったとしても、私たちの日々を支えてくれた人たちの動きがひとつのムーブメントとなって目の前にあった。「慰霊と鎮魂」が大きなテーマとしてせり上がった〈災後〉の日々に、このムーブメントが〈怪談〉にまつわるものであった意味や意義もまたあるはずだ。定かにはまだ見えないが、あの日々を経てなにかが生まれたのだとしたら、それはきっとよろこぶべきことなのだ。

奇跡の一夜だった。もちろん、全国の〈ふるさと怪談〉の関係者が集まる機会は、もしかすると震災がなくてもあったかもしれない。だが、その意味、その空気、そのスピードはこの夜のイベントとは違ったものになったはずだ。私たちはなにかを生まなければならない。災厄に負けぬための、それがひとつの道なのではないか。

この三年間、私たちも仙台や山形で〈みちのく怪談トークライブ〉と称して、怪談作家や読者、そして地域の人たちと「怪談を語る会」を続けてきた。震災に関わる不思議な話や怪異譚が語られることも多い。そして、会場で不思議なことが起きたりする。偶然かもしれない。気のせいかもしれない。それでも私たちは「ああ、来てくれたのかもしれないね」と語り合う。東京の会場の隅っこのくらがりで舞台を見ながら、打ち上げの席で酒を酌み交わしながら、やはり気配を感じた。ここに「あの人たち」にいてほしい、そんな私の願望が感じさせた気配だったかもしれない。

善き夜だった。

砂守勝巳さんとの「再会」

写真家・砂守勝巳《すなもりかつみ》さんは、一九五一年、沖縄県に生まれた。お父さんは米軍基地で働くフィリピン人、お母さんは奄美大島の人だったが、父は砂守さんが八歳のときに帰国。音信不通となる。砂守さんはやがて大阪に出てプロボクサーとなり、引退して大阪写真専門学校へ。釜ヶ崎《かまがさき》に住み込んで撮影した「大阪流転」で『月刊プレイボーイ』のドキュメント・ファイル大賞奨励賞を受賞して、『フライデー』で関西をカバー。豊田商事会長刺殺事件の現場写真などなど同誌で大活躍。上京して、釜ヶ崎のフォト・エッセイ『カマ・ティダ』（IPC）を上梓。フリー・カメラマンとして暮らしながら、フィリピンのお父さんを探しあて、その経緯を自分と同じく沖縄でハーフとして生まれた人たちの人生をないまぜにしたルポ『オキナワン・シャウト』を筑摩書房から刊行（講談社文庫改題『沖縄シャウト』）。一九九五年には、日本列島の南に連なる島々を撮影した写真集『漂う島　とまる水』（クレオ）により土門拳賞と日本写真協会新人賞を受賞。著書にはほかに双葉社から『オキナワ紀聞』（ソニーマガジンズ改題『沖縄ストーリーズ』）や毎日新聞社から『スキャンダルはお好き？』がある。雲仙普賢岳の被災地にも通い、写真展「黙示の町」を開催している。二〇〇九年、胃がんにより死去。享年五七。

砂守さんをざっとご紹介するとこうなるか。フリーのライターだった私が砂守さんと知り合ったのは『カマ・ティダ』刊行直後。砂守さんの深みのあるカラー写真に魅せられた。砂守さんと組んで雲仙普賢岳へ、水俣《みなまた》へ、あるいはサラブレッドの故郷・北海道も旅した。やがて、砂守さんは家族を東京に残して沖縄へ。私は仙台へ。砂守さんの晩年には交流は途絶えた。さいごに電話で話したのは二〇〇四年だったか。年齢としては私がひとまわりも下だったが、旅した地や酒の席でさまざまになつかしい思い出がある。

この四月、再会があった。砂守さんの娘さん、かずらさんが仙台にやって来たのだ。かずらさんは三三歳。女子美術大学を卒業して、モデルに。結婚もして、いまや二児の母である。現在、武蔵野美術大学で学芸員の資格をとるために勉強中。同時に父について調べている。やがては父の仕事をまとめたい、写真や著書をもういちど世に出したい。そう願ってお父さんの昔の仕事仲間や担当編集者をたずね歩く旅を続けているわけだが、私はかつてかずらさんに会っている。

取材が終わって「呑みに行こうぜ。だけど、機材が邪魔だな。オレんちすぐそばだ。機材をウチに置いて、それから呑みに行くぞ」と砂守さん。経堂《きょうどう》のマンションのキッチンで砂守さんがどたどた機材を片づけるのを待っていると、かずらさんが帰ってきた。ランドセルの小学生だった。高校生のころも会った。あれは確か砂守さんの写真展のオープニング・パーティだったか。

かずらさんの二泊三日の仙台滞在中、手許にあった砂守さんとともに取材した過去の記事の切り抜きなどの資料を渡した。私の知る砂守さんの思い出を伝えた。砂守さんと仕事をしたかつての仲間たちを紹介した。せっかくだからと沿岸被災地へも行った。かずらさんはお父さん遺愛のカメラを手にしきりにシャッターを切る。かつて雲仙普賢岳の被災地をともに歩いた砂守さん。その娘と東日本大震災の被災地を歩く。しかも手には砂守さんのカメラ。なにか時間と空間を超えたような、不思議な感覚に捉《とら》われた。

かずらさんがふと漏らした。

「父が生きていたら、東北の被災地を撮りに来たでしょうか」

きっと来てくれたと思うよ。

それでも海とともに

　正午を前に薄《う》っすらと曇天である。それでも雨の気配はなく、気温は高からず低からず。湿り気もない。海は平らかに凪いで、さわやかだ。クルマが走るのは、津波に舐め尽くされた荒野。だが、日々刻々と変わりつつある荒野である。ここに町があった。いまや一面の野《の》っ原《ぱら》である。瓦礫は消えて、家々の土台すら残ってはいない。それどころか、復旧のためのかさ上げ工事が進んで、かつての〈地面〉がいまや〈地下〉だったりもする。津波に薙ぎ倒されてまばらとなった海辺の防風林の伐採《ばっさい》が始まっていた。防潮堤《ぼうちょうてい》の復旧工事も進む。

　だが、今日は日曜日。広大な荒野のあちこちに、巨大な甲虫《こうちゅう》じみた重機がほっとひと息ついている。切り崩された山からかさ上げの土を運ぶ巨大なベルトコンベアも止まっている。作業員の姿もない。風が強ければ砂埃と土埃が巻き上がるところだが、幸い今日は風もない。かつてここに町があったと思えば異様な光景ではあるものの、空気はあくまでおだやかである。

　小さな漁港にクルマがたくさん停まっていた。漁船も停泊している。バーベキューを楽しむ家族がいる。水上バイクを駆る人たちがいる。初夏の海辺の日曜日である。

町は消えた。だが、海はある。海辺の日常はある。左手に新たな海辺の日常を、右手に壊滅の荒野を見ながら、なんとかなるさと思わず口元が緩む。あの日からこの同じ道をどれくらい通ったか。暗澹たる気持ちで夜の道を走り過ぎた日を思って、背中を押される。

東松島市、奥松島地区。奥松島の地名があるわけではない。だが、宮戸《みやと》・小野・野蒜、日本三景の北にあるこのエリアを、宮城の人々はこの名で呼んできた。太平洋と松島を見下ろす大高森の絶景、野蒜海水浴場、宮戸島の嵯峨渓《さがけい》遊覧船。石巻と松島の間にあって、松島とはまた違った魅力の行楽地だったが、ここはあの津波によって甚《じん》大《だい》な被害を受けたエリアでもある。

目的地は宮戸島――島とはいっても橋で本土と繋がっているのだが――の奥松島縄文村歴史資料館である。宮戸島には縄文から弥生にかけての日本最大級の里浜貝塚がある。里浜貝塚は国の史跡に、出土品は国の重要文化財に指定されている。沿岸被災地の縄文遺跡が波をかぶらなかったことが報道され、自然との〈共生〉が注目されたりもしたが、里浜貝塚もまた津波の被害は免れた。資料館は一九九二年にオープン。震災により休館を余儀なくされたが二〇一三年三月一八日にみごとよみがえった。

今日はこの資料館の「第三回縄文・宮戸まつり」。私たちはこの関連イベントのためにやって来た。資料館前の芝生広場にはちいさなステージが設けられ、ベリーダンスや〈よさこいソーラン〉のグループがにぎやかに、まわりには東松島の旬の味や海産物の露店が並び、フリー・マーケットもあれば、火起こしなど「縄文体験コーナー」は子どもたちの人気の的。観光イベントよりも、空気はあくまで地域のお祭り、のんびりなごやかな海辺の日曜日である。

　私たちもホタテ焼きやアサリ汁でお腹を落ち着かせて、資料館へ。出土品の展示を横目に、奥まった〈縄文村シアター〉へ。いつもは里浜貝塚の紹介映像を流しているが、今日はここで〈奥松島物語プロジェクト〉と私たちの『奥松島物語』第二号刊行記念トークイベント「奥松島から世界が見える」である。同プロジェクトを推進する西脇千瀬さん（地域社会史研究者。藤原書店『幻の野蒜築港』により河上肇賞受賞）と松川清子《まつかわせいこ》さん（野蒜築港ファンクラブ事務局長。勤務していた野蒜築港資料室は津波で全壊した）のふたりが、石巻生まれの作家・大島幹雄《おおしまみきお》さんと奥松島を語り合う。司会は〈荒蝦夷〉の千葉由香である。

　聴衆が集まって来た。〈石巻若宮丸漂流民の会〉事務局長でもある大島さんとともに、東京からやって来た同会会員のみなさんがいる。宮戸小学校仮設住宅自治会長の佐《さ》藤《とう》康男《やすお》さんをはじめ、地域のみなさんもいる。四〇人ほどの聴衆で、会場はほぼ満席となった。江戸時代後期、難破漂流の末に世界一周を果たして帰国した石巻の漁船「若宮丸」の乗組員の運命にはじまり——大槻玄沢《おおつきげんたく》『環海異聞』で知られるこの乗組員のなかに宮戸在の漁師たちがいた——西脇さんや松川さんがテーマとする明治の国家プロジェクト「野蒜築港」計画の顚末などなど、映像を交えたトークに熱心に聴き入る。会場には漂流民・太十郎《たじゅうろう》がロシアから持ち帰ったジャケットや、野蒜築港建設に殉じた黒澤敬徳《くろさわよしのり》土木局出張所所長の功績を讃える紀功の碑の拓本も。みなさん興味津々である。

会場の片隅でトークを聴きながら、さまざまに連想が跳《は》ねた。慶長遣欧使節団を率いて支倉常長《はせくらつねなが》が四〇〇年前の太平洋に船出したのも、アメリカ大陸に新天地を目指した密航船「水安丸」が明治の海に乗り出したのもここからほど近い牡鹿半島。新田次郎《にったじろう》『アラスカ物語』（新潮文庫）のフランク安田は石巻の人、同時代をアラスカの測候所に勤務して『北氷洋洲及アラスカ沿海見聞録』を著した阿部敬介《あべけいすけ》は利府《りふ》の人である。阿部に関しては一八九七年に東京地学協会『地学雑誌』に掲載された論説「魯領スベリア産馴鹿を我が千島に移殖するの必要を論ず」を『仙台学』四号に復刻しているが、いずれにしてもこの地の人たちは確かに海に向かっていた。

イベントが終わって、おだやかな海を見ながら仙台へ帰る。ここではないどこかを夢見て、この地の人たちは太古から海を眺めていたのではなかったか。海を見る己の背後に荒野が広がっていたとしても。海が災厄をもたらすものであると知ってはいても。いや、だからこそか。大島さんが若宮丸漂流民の物語を石巻日日新聞に連載したそのタイトルを「我にナジェージダ（希望）あり」という。

神戸へ行く

六月一二日　新幹線に飛び乗って、雨の仙台から神戸へ向かった。「海文堂生誕一〇〇年まつり」のクロージング・パーティである。昨年九月三〇日の海文堂閉店には立ち会えなかった。昨日で終わった〈ギャラリー島田〉の「海文堂一〇〇周年記念展」も見られなかった。東日本大震災の直後から「激励の言葉より本を売る！」を旗印に海文堂書店のみなさんから寄せられたご厚意を、更にこの五月に神戸新聞紙上で二つの被災地を結んで平野義昌さんと交わした「往復書簡」を思えば、ここはやはり神戸に向かわずばなるまい。

新神戸に着いて、タクシーで〈ギャラリー島田〉へ。平野さんをはじめ、福岡宏泰さん、熊木泰子さん、北村知之《きたむらともゆき》さんなどなど海文堂のみなさん、あるいは神戸新聞の平松正子さんや〈くとうてん〉の世良典子さんに石阪吾郎さんとおなじみの面々にごあいさつ……はいいのだが、平野さんと石阪さんはなにやら面妖な女装姿、平松さんは「アルプスの少女ハイジ」状態である。アタマのなかにいくつも「？」が点灯したが、ま、いいか。

パーティはといえば記録映像の上映があり、ライブがあり、さいごはなぜかみんなでフォークダンス。〈苦楽堂〉石井伸介とフリーライターの石橋毅史《いしばしたけふみ》さん、〈ギャラリー島田〉の島田誠《しまだまこと》さん、〈うみねこ堂書林〉の野村恒彦《のむらつねひこ》さん、〈夏葉社〉の島田潤一郎《しまだじゅんいちろう》さんなどとあれやこれやのおしゃべりにもいそがしく、ビールのおいしい一夜となった。

ホテルへの帰途、プレハブ居酒屋〈てつびん〉があった場所へ。いまや草茫々の空地である。阪神・淡路大震災から八年間、「てつびんのおばちゃん」関美佐子さんの死までを相棒の写真家・奥野安彦と見届けて、その記録を写真絵本『てつびん物語　阪神・淡路大震災　ある被災者の記録』にまとめた。ここで幾夜とも知れず神戸の人たちと酒を酌み交わしたあの日々がまるで幻のようだが、私は今夜もまた神戸にいる。関さんの好きだったタバコと、そして缶チューハイを手向けて、今日、六月一二日は一九七八年の宮城県沖地震から三六年目である。

六月一三日　出来たてほやほやのひとり出版社〈苦楽堂〉へ。プレジデント社の編集者だった石井伸介とは阪神・淡路大震災取材以来のつきあいである。故郷が仙台でもあり、盆暮れに仙台の書店さんと呑み会をやって、こちらももう一〇年となる。そんな石井伸介が独立を決意、神戸に拠点を構えたのが〈苦楽堂〉なのだが、オフィスがいい。ドラマならさしずめ「昭和の探偵事務所」。なんともクラシックなオフィスからどんな本が発信されるのか。この秋に刊行予定の第一弾、刮目して待たれよ。

続いて〈うみねこ堂書林〉へ。本来は定休日なのだが、昨夜、野村さんにお願いして急遽のぞかせていただく。探偵小説愛好会「畸人郷」や「神戸探偵小説愛好會」を主宰、亜駆良人《あくりようと》・千鳥足純生のペンネームを持ち、『神戸70s青春古書街図』（神戸新聞総合出版センター）や『探偵小説の街・神戸』（エレガントライフ）などの著書もある知る人ぞ知る神戸「探偵小説の鬼」野村さんがめでたく定年退職、この四月にオープンしたのがいかにも町の古本屋さんの風情《ふぜい》あふれる〈うみねこ堂書林〉である。私たちが二〇〇六年に刊行した高城高さんの『X橋付近　高城高ハードボイルド傑作選』を海文堂に猛プッシュしてくれたのが野村さんだった。加瀬義雄《かせよしお》『失われたミステリ史増補版』（書肆盛林堂）を購入。〈ギャラリー島田〉でみなさんとお別れ。神戸との不思議な縁を思い返しながら、仙台に帰る。

六月一四日　二〇〇八年の岩手・宮城内陸地震の発生から六年、慰霊と鎮魂の日である。来年の一月、神戸は阪神・淡路大震災発生から二〇年のその日を迎える。

気仙沼の結婚式

新郎新婦が祝いの民謡「宮城長持唄」で入場。鏡割りにはじまり、気仙沼市明戸虎舞保存会による太鼓の演奏と虎舞の伝統芸能に会場が沸《わ》く。ケーキカットにキャンドルサービス、スパークバルーン。思い出の写真がスクリーンに映し出されたかと思えば、ステージでは演歌が唸《うな》られ、日本舞踊が舞われ、ギターの弾き語りもあれば「てんとう虫のサンバ」の合唱もある。三時間半にわたって、港町の披露宴は盛り沢山ににぎやかだった。

宮城県気仙沼市。サンマリン気仙沼ホテル観洋の結婚式場。一二〇人が集まった盛大な祝宴である。二六歳の新郎は祖母と幼い姪が犠牲となった。新郎と高校の同級生だった新婦は父を海に呑まれた。新婦の家族席には亡き人の遺影が笑顔で椅子の背に立てかけられ、その前の円卓に酒杯が捧げられていた。宴席の会話に耳を澄ます——「なにもかも流されてしまって。ま、命拾いしたんだから、いいっちゃね」。ロビーに立てば大きなガラス窓の向こうにかさ上げ工事の進む更地が、まるで櫛の歯が抜けたかのような町並みが見下ろせる。

祝辞と祝電がある。どうしたってこの三年余に触れないわけにはいかないが、直接に口にはされない。「震災を乗り越えたふたりに」と祝電が読み上げられる。みな深く頷きながら、話題はそこに着地はしない。祝辞にもあの日からの物語はなく、あたかも新婦の父が生きているかのように話柄が進んで、やがて新婦が両親を語る。まずは母、そして父。「お父さんは」と口にして、絶句する。ウェディング・ドレスが鳴咽に立ち竦《すく》む。会場から「こら、新郎、助けてやれ！」と声が上がり、新郎が新婦にそっと手を添える。

だが、新婦もやはりあの日からの記憶は語らない。語られなくとも、みなすべてを知っている。家族を親族を友人を同僚を失い、あるいは生活を破壊された参列者も多い。それぞれにそれぞれの、ここにはいない死者の記憶が、亡き人への消えた町への想いがある。〈被災〉は日常である。今日のこの日に語るまでもない。

終宴が迫り、両家のあいさつ。新郎は、就職して仙台で暮らす自分たちがなぜ気仙沼での挙式を選択したのかを語った。故郷の記憶と家族や仲間たちへの想いが、どうしてもここで式を挙げたいと、そう思わせた。抑えた口調に、なお強い意志。新郎の実家も流されて、高台に再建なったと聞いたが、ここでもまたこの三年間は語られなかった。そんな声に耳傾けながら、私と同年の新婦の母は亡き夫の遺影にやさしく触れる。新婦たる娘は父の笑顔にブーケを手向ける。

退場する参列者を新郎新婦が、新郎の両親が、そして亡き夫の遺影を手にした新婦の母が見送る。遺影の破顔がちょっと上気しているように見えたは錯覚か。酒好きだったからな。円卓の酒、呑んだな。

祝宴が死者をよみがえらせた。

それぞれのテーブルはさておき、新婦の父の名がマイクを通して語られることはこの日、遂になかった。だが、語られぬその事実こそが、死者もまたここに生きているのをなおさら思わせてくれた。みなの脳裏にあの遺影の笑顔が、いまここに誰よりもいたかったはずのひとりの男の笑顔が常にあった。笑顔の向こうに自分の知るあの人やこの人を思い浮かべて、彼が、そしてみなに縁あるすべての死者がここにいた。

こんな結婚式はじめてだなと思った。語られぬ想いが、式場いっぱいに満ちていた。新婦の父は気仙沼の太鼓グループのリーダー的存在だった。だから、ステージで太鼓の演奏がはじまると「ああ、そうか」と、そのゆくたては語られないまま口に出されないまま、みなが胸の奥底でなにごとかを噛み締めて拍手と歓声を捧げる。一二〇人の胸中に渦巻くさまざまなことどもが場の空気を支配した。ふと見ると、誰かが遺影の笑顔をステージに向けていた。

なにも知らぬ人がもしもここにいたら奇妙な感覚をおぼえたかもしれない。幻影を見たかもしれない。だが、被災地の結婚式、これでいいのではないか。眼前の〈儀式〉は重要ではなく、その陰にあるなにものかの存在が場の核にあればいい。胸の裡に想いを沈めて三々五々、それぞれが口にせず説明もせずに散る。意味や意義はさまざまに、若者ふたりの未来を言祝《ことほ》ぎながら死者の記憶をよみがえらせて、被災地では〈ハレ〉と〈ケ〉が入り交じる、逆転して融《と》ける。もしかするとこれは結婚式だけではない。伝統芸能にしろ季節の祭りにしろ、あるいは成人式や結婚式、果ては葬儀であれ、私たちの社会が継ぎ繋いできた〈儀式〉の核心がここにありはしないか。あの日を過ぎてさまざまな〈儀式〉の場に立つごとに、そんな想いが胸の奥を漂って止まない。

六月の花嫁の名は須藤文音。〈荒蝦夷〉の初代アルバイトにして、私たちが編集を担当した『地震のはなしを聞きに行く　父はなぜ死んだのか』の著者である。かつて気仙沼で教師生活を送った仙台在住の作家・熊谷達也さんによって、式上その一節が朗読された——いつも明るく、笑顔だった父。誰からも好かれ、いつもおおぜいの人にかこまれていました。そんな父は私の自慢で、大人になってからも「お父さんみたいな人と結婚する」と話すほど、父が大好きでした——。

このような祝いの宴、沿岸被災地のそこかしこに、きっと今日もある。
私たちは、二万人の死者とともにここに生きる。

おめでとう。

三年六か月

あの日から三年六か月が過ぎた。

このところ、かつて通い詰めた神戸で、被災者から聞いたことばを思い出すようになった。相棒の写真家・奥野安彦と「まずは五年」と神戸通いを続けた。五年目を前にしたころだったか。「三年目、四年目がいちばんきつかった」との声を幾度か聞いた。あるいは、親しくなった被災者たちの酒の席での声……おれたちほんとアホやった。一年目にあんたらと会ったときに「一年も経ったんやからもうだいじょうぶや」なんていっとおたやろ。二年目には「もう二年だ、もうだいじょうぶや」って、三年目には「もう三年や」って。ウソついとったわけやない。自分でも「もうだいじょうぶ」と思っとった。ところが、一年目には一年目の問題があって、それをなんとかやり過ごして「ああ、だいじょうぶや」とほっとしたら、今度は二年目なら二年目の、三年目なら三年目の、考えてもみなかった新しい問題が起こる。それが解決したと思ったら、また次の問題が起きて、この繰り返しやったんや。

というわけで、東北被災地、三年六か月である。神戸の声の通り、一年が、二年、三年が過ぎて、そのたびごとに「だいじょうぶ」とはいわないまでも、ギアが入れ替わったかのごとく、徐々に新たな日常を取り戻しつつあると実感はしてきたが、三度目の「あの日」を境に、またちょっと空気が変わったのを感じる。がむしゃら必死な感情が消えて、落ち着いてきたといえばいいのかもしれないが、これまたちょっと違うような……怒りや悲しみはもちろんある。ここに来て更に加わりつつあるのは、当惑といおうか、いや、諦念《ていねん》に近いか。あるいは倦怠《けんたい》か。そんな気配が漂っている。

世にいう〈復興〉とやらがいずれにしても時間がかかるものになるだろうとは、みな覚悟してはいたに違いない。五十路を超えた私たちの世代であれば、もしかすると自分が生きているあいだには成し遂げられないかもしれない、それくらいの道程になる……と、アタマでは理解していても、日々の暮らしでそれと並走するのはなかなかきびしい。被災三県では新聞もテレビも〈災後〉が続いている。復興住宅、防潮堤、震災遺構、中間貯蔵施設に最終処分場。三年六か月が過ぎて、いま、我々が暮らす地がどのような状況にあるのか。知らなければならない、考えなければならない。だが、底なしに続く〈復興〉の長丁場を思えば、しんどくもなる。

さて、どう立ち向かおうか。

仙台に生まれ、仙台に暮らす、作家・熊谷達也さん。二〇〇五年、『邂逅《かいこう》の森』（文春文庫）で直木賞と山本周五郎賞を受賞した。私たち〈荒蝦夷〉とは、二〇〇〇年に『漂泊の牙』（集英社文庫）を刊行されて以来のおつきあいである。同作で新田次郎賞を受賞された熊谷さんだが、住まいがご近所だったり、もうひとりの〈荒蝦夷〉千葉由香のお兄さんと高校の同級生だったりと、この一五年、同じ都市にある作家と出版社としてなんだりかんだり仕事に遊びに日々を過ごしてきた。そもそも〈荒蝦夷〉は、私たちが刊行していた雑誌に熊谷さんに連載いただいた歴史小説のタイトルをいただいたものだ。

あの日を経てからも、沿岸被災地を幾度もともにまわった。この体験をどのように小説に刻むのか、それを考え続けている気配をいつも感じていた。熊谷さんがたどり着いた結論が〈仙河海《せんがうみ》〉シリーズだった。宮城県三陸沿岸の架空の港町、仙河海市。この町を舞台とした連作を、いま、熊谷さんは書き繋いでいる。昭和戦前の漁師たちの物語、八〇年代の高校生たちの物語、あの日を迎えるまでの港町の日常、あの日を迎えてからの港町の暮らし、そして未来へ。津波に壊滅した港町の過去・現在・未来を重層的に描く。

架空の港町とはいえ、モデルは熊谷さんが作家となる以前に教師生活を送った気仙沼市。熊谷さんは変わり果てたかつて暮らした町と、そしてそこに暮らすかつての同僚や教え子たちと対話を続けながら、これらの作品群を書き続けている。ほかのテーマの作品は書いていない。書く気にならない。月にいちどは沿岸被災地を歩いて、いわば〈被災〉と並走しながらの執筆である……いやあ、しんどいよ。常に震災について考え続けているようなものだから。だけど、書き続けなくちゃね。

あるいは、この六月、遠く離れた神戸の地でひとり出版社〈苦楽堂〉を立ち上げた石井伸介。高校卒業まで仙台で暮らした。一九七八年の宮城県沖地震を経験した。東京で編集者となり、阪神・淡路大震災を雑誌の誌面に刻んだ。神戸にこだわり続けた。そして、東日本大震災。仙台には父と妹夫婦がいた。無事ではあったが、故郷との距離を測りかねた。あれだけ神戸にこだわってきたのに、故郷の〈被災〉をいまだに自分のなかで整理できない。被災地の高校生の留学プロジェクトを取材した。ひとりの高校生にある本を勧めた。「おもしろかった、次はなにを読めばいいですか」と訊かれた。彼ら彼女たちに向けて本を作ってみよう……その〈被災〉を知る神戸に拠点を構えて、東北に思いを懸ける。

どうやらそれぞれがそれぞれの流儀で三年六か月に立ち向かおうとしている。当惑や諦念や倦怠を振り切るために。底なしの日々を乗り越えるために。もしかするとかつての神戸の声――「三年目、四年目がいちばんきつかった」――の意は、これだったのかもしれない。

先は長い。さて、私たちも腹を括り直そうか。

第5章 記録を残し、記憶を継ぐ

2014年9月〜

沖縄と東北

晴れ上がって暑くはあるものの、そこは仙台、どこかさわやかに秋の気配さえ漂いはじめた週末の午後である。ビルの一階、仙台市中心部の大きな交差点に面した本屋さんに三線《さんしん》の音色が響いた。〈加屋本正一《かやもとしょういち》三線ライブ〉のはじまりである。民謡が、沖縄のポップスが、そして加屋本さんのオリジナル曲が弾かれ、歌われた。ライブに集まった人たちが床にすわり、あるいは立ったまま聴き入る。キャンバス・チェア持参の人もいる。音色を耳にして集まって来る人たちもいる。ふと見ると、レジに並んでいる人たちも、立ち読みしている人たちも、みな耳をそばだてている。さいごは、三線の音に合わせて「ふるさと」をみんなで合唱。軽妙なトークを交えた一時間半ほどのライブは終わった。

加屋本さんは波照間島《はてるまじま》の生まれ。仙台の女性と結婚したのをきっかけに移住。仙台暮らしは三〇年にもなる。「もうすっかり仙台人さ」と破顔する加屋本さんだが、沖縄居酒屋「沖縄館　島唄」を切り盛りしながら、仙台の三線愛好会を主宰したり、カルチャーセンターで三線教室の講師を務めたりと「仙台の沖縄民謡歌手」の貌《かお》も持っている。もちろん興に乗れば「島唄」でもお客さんを前に三線と歌を披露する。

そんな加屋本さんのライブがどうしてここ、あゆみBOOKS仙台店で催されたかといえば、〈宮城・山形・沖縄共同ブックフェア〉に合わせてのイベントである。沖縄の出版社の「県産本」を仙台の本屋さんに、宮城の出版社の本を沖縄の本屋さんに並べて、それぞれの地域の人たちに手に取ってもらおうというブックフェアである。参加出版社は仙台から私たち〈荒蝦夷〉に河北新報出版センター、東北大学出版会、プレスアート、そして沖縄からはボーダーインクと沖縄タイムス社に「琉球プロジェクト」参加社を加えた七社。このブックフェア開催に賛同してくれたのは、仙台のあゆみBOOKS仙台店と沖縄のジュンク堂書店那覇店。これに戸田書店山形店が加わった。

こうしていずれの本屋さんでも八月末から九月末まで、それぞれの地域のいわば「交換ブックフェア」が開催されたのだが、加屋本さんのライブはあゆみBOOKS仙台店の二階堂健二《にかいどうけんじ》店長の「せっかくだからなにかイベントを」のひと声で実現に至ったわけである。

そもそもこのブックフェアのきっかけはといえば、三月の東京。あるイベントで一緒になったボーダーインクの新城和博編集長と私の酔った勢いの思いつきにあった。

新城さんとは二〇一〇年からのおつきあい。私たちが〈みちのく怪談プロジェクト〉をはじめたころである。私たちのプロジェクトを知った沖縄の古本屋さん「ちはや書房」の櫻井伸浩《さくらいのぶひろ》さんから連絡があった。

櫻井さんは宮城県に生まれ育ってなぜか沖縄で古本屋さんをはじめた、なかなかの剛の者にして水木しげるの大ファン。私たちが刊行した赤坂憲雄さんの『東北知の鉱脈』シリーズで、沖縄と東北の関係を知る資料を集めるうちに知り合った。

その櫻井さんから「沖縄で〈琉球怪談〉をはじめた出版社がありますよ」との知らせをもらって、さっそく新城さんに連絡、なにか一緒にできないかと話し合っていたところに二〇一一年三月一一日である。新城さん、櫻井さん、『琉球怪談』シリーズ〈ボーダーインク〉の著者・小原猛《こはらたけし》さんら沖縄のみなさんが〈みちのく怪談プロジェクト〉支援のための「ふるさと怪談トークライブ」を立ち上げてくれたのは五月。「娘がヨーロッパに留学するんだ。出かける前に被災地を見せておきたいんだけど、行ってもいいかな」と新城さんが東北にやって来た二〇一二年三月には、新城さん一家を案内して沿岸被災地を旅した。

そんな新城さんと私が東京の酒席でぐだぐだと喋ったのは……沖縄はオスプレイとか辺野古とか、東北は震災復興とか福島第一原発事故とか、お互いになんだかいろいろと大変な事態に巻き込まれている。どうにもすっきりしない、落ち着かない。そんな沖縄と東北で私たちが出している本を交換してお互いの読者に読んでもらうのはどうだろうか……。この酔っ払いふたりの思いつきがまわりの人たちの同意を得て、だんだんとブックフェアのカタチになっていったわけである。

やってみて思ったことがある。沖縄の、あるいは逆に東北のニュースを互いが知るのは新聞であれテレビであれ、東京というフィルターを通してのことである。地域のニュースをいちばん深く報じているのはその土地のメディアだが、ネット時代になったとはいえ、琉球新報や沖縄タイムスを仙台で手に取ってはなかなか読めない。河北新報を沖縄で手にするのもひと苦労だろう。

対して、地域出版社の本はどうか。新聞やテレビのような速報性こそないものの、その土地に暮らす私たちが編み、著者も多くはその土地に暮らし、あるいは縁ある人たちが大半を占める。読者もまた地域の人たちである。地域で本を編んでいる私たちにしてもあまり自覚はなかったのだが、地域の出版社の本には、どうやらそこに暮らす人たちの息づかいのようなものが知らず知らずのうちに堆積《たいせき》してしまっているようだ。その土地その土地でどんな本が出され、どのように読まれているのか、実はなかなか実感を伴って伝わっていないのではないか。この息づかいの堆積を伝えられてこそ、互いの理解に繋がるのではないか。もちろんこれは沖縄と東北に限った話ではない。

さまざまな問題に翻弄されている沖縄と東北だが、ブックフェアに並んだのはだからそんな〈問題〉を扱った本ばかりではない。それぞれの土地で、どんな人たちがどんな暮らしをしているのか。仙台のブックフェアで、たとえばボーダーインクの『闘牛女子。』や『島の美容室』といった写真集を手に取る読者の反応がいい。「なんだこれは」と不思議そうに頁をめくってびっくり仰天。おどろきがやがて微笑に変わる。そうか、こんな世界が、こんな暮らしがあったのか……。本屋さんで、知らなかった世界に不意に出会う楽しみが、どうやらここによみがえる。

旧警戒区域へ

福島県いわき市へ行った。同県内で話題になりそうな既刊本があるので、福島の本屋さんまわりにいそしんでいるのだが、いわきへ向かったのにはもうひとつ理由があった。仙台から東京へと太平洋岸を縦断する国道六号線。福島第一原発事故によって三年半余にわたって分断されていたこの道が、九月一五日に全線開通となったのである。この三年半、仙台からいわきは遠かった。内陸の東北自動車道を通って郡山へ、そして磐越道・常磐道に乗り換えてぐるりと大まわりである。「あの日」以前、あれこれと取材で通った地は、福島第一原発の半径二〇キロの警戒区域に指定され、立入禁止に。徐々に警戒解除となった地域に足を踏み入れて、「あの日」のままの光景にこころ凍りつかせてきた。だが、福島第一原発直近の地域は「帰還困難区域」とされ、国道六号線一四・一キロは閉鎖されたまま、福島の、東北の太平洋岸は分断が続いた。それがやっと通行可能となったわけである。

ここを走るＪＲ常磐線で仙台から茨城県日立市を往復したのは二〇一〇年一一月六日だった。帰途の「スーパーひたち」の車中で缶ビールを片手に太平洋の景色を楽しんだ。原発が建ち並ぶ地域だと、その知識はあったが、雄大な海を眺めながらあの日の私の脳裏には原発の「ゲ」の字もなかったはずだ。以来、三年一〇か月ぶりの太平洋岸縦断である。過ぎた日々を思い返して、ざらりと胸の奥を逆なでされる。新聞を引かせてもらう。

・解除に合わせ、南北にあった検問所を撤廃し、脇道の侵入を防ぐバリケードを沿線に設置。通行できるのは自動車のみで、バイクや自転車、歩行者は通れない。（中略）区間内の平均空間放射線量は毎時３・８マイクロシーベルト。最大値は大熊町内の毎時17・３マイクロシーベルトと線量が高い場所が残る。内閣府原子力災害現地対策本部の有倉陽司参事官は「不要不急の通行は避け、通行時は車を閉め切ってほしい」と呼び掛けた——河北新報朝刊（九月一五日）

・国道の除染は終わったが、周辺の線量は依然高いため、二輪車や歩行者の通行禁止は続く。区間内は駐停車できず、6号から沿線への立ち入りには以前と同様に通行許可証が必要だ――朝日新聞宮城版（九月一七日）
・最後まで残った禁止区間は福島県双葉町～大熊町～富岡町の14キロ。（中略）前から通っていた建設業関係者に聞くと、注意事項を教えてくれた。／「車のエアコンはできるだけ使わない。どうしても必要な時はマスクをした」。運転中に携帯が鳴っても「停車は禁物」。いずれも無用の被ばくを避けるため。／走行できるようにはなったが、「原発周辺が元に戻りつつあるということでは全くない」とも付け加えた。／多くの人が帰り、町を取り戻すことができるのだろうか。何度通っても悲観的になるという――河北新報夕刊「河北抄」（九月一七日）

黄金色に稲穂が輝いていたのは相馬市あたりまで。南相馬市で旧警戒区域に入ると一面の荒野である。津波にやられた建物、無人の町。たまに通るのは工事車両やトラック、あるいは警察車両ばかり。国道から分岐する道にはバリケード。マスクをした警備員が通過する車にさっと目を走らせる。帰還困難区域の信号機はすべて黄色が点滅。横道に逸れるのが禁止の直線道路とあっては、信号の意味もない。火事場泥棒対策か、一軒ごとの門口にバリケードが設けられていた。

そして沿道には、立て看板、看板、看板、看板……「注意　福島県双葉町以南二輪通行不可」「事故多発　獣と衝突」「注意　自動二輪車　原動機付自転車　軽車両　歩行者は通行できません」「除染作業完了しました」「平成26年度　東日本大震災により生じた対策地域内廃棄物の国直轄処理業務（双葉郡浪江町）における災害廃棄物収集・運搬・選別等業務　思い出の品展示場　ご自由にご覧下さい」「スクリーニング場１００ｍ」「公益立入車両・特別通過交通車両は藤橋スクリーニング場をご利用ください」「注意　この先双葉町帰還困難区域（高線量区間を含む）」「注意　県道２５３号酒井・井手方面　帰還困難区域につき通行制限中です」「浪江町除染車両」「通行制限中　この先帰還困難区域につき通行止め」「注意　この先帰還困難区域につき通行制限中です」「通行証確認中」「注意　ここは帰還困難区域（高線量区間を含む）」「注意　ここまで帰還困難区域（高線量区間を含む）」「防護装備一式配布貸与場所」「注意　このガソリンスタンドは福島第一原子力発電所への通勤バスのみ給油可」。赤・青・黄に塗りわけられた文字が目に刺さる。看板を設置したのは沿線自治体、工事請負業者、そして原子力災害現地対策本部に東京電力とさまざまだ。

福島第一原発を過ぎると車が多くなった。作業員を乗せた送迎バスが目立つ。楢葉町から広野町へ、旧警戒区域を抜けた。黄金色の稲穂をふたたび目にして、深く息を吐いた。

本屋さんをまわって、夜の道を北へ帰る。暗闇に信号機だけが点滅を繰り返す。看板やガードレールの反射光が目を射る。不気味なほどに、ほかの車にはほとんど出くわさない。と、海側の空が茫《ぼう》と明るんだ。鉄塔や構造物が闇に浮かぶ。福島第一原発まで二キロか、三キロか。バスに乗った作業員たち、その貌が思いやられた。ああ、みんなあそこにいるんだな。——こんな「国道」が、この国にはある。

変わりゆく町

閖上。仙台市の南、名取川河口の漁港である。河口の北岸が仙台市若林区、南岸が名取市閖上となる。次から次へと押し寄せる大津波が町々を家並みを田畑をクルマをビニールハウスを呑み込む空撮映像をご記憶かもしれない。あのエリアだ。仙台藩主・伊達《だて》綱村《つなむら》が仙台の大年寺の山門越しに海を眺めて「門に水」だったから「閖」の字をあてたとか、「閖上」の由来には諸説あるが、おそらくこの土地の名前も読みも、宮城県外の人たちにはほとんどなじみがなかったはずだ。あの映像と八〇〇人もの犠牲者が閖上の名を世の人たちの胸に刻んだ。だが、仙台市民に、近郊の住民にとって閖上は、赤貝の水揚げで知られる漁港であり、朝市があり、お寿司屋さんがあり、釣りのスポットであり、サイクリングセンターもありと海に遊ぶ場だった。閖上に楽しい思い出を持つ仙台人は多いはずだ。

私がはじめて閖上に行ったのは、思い起こせば、なんと三〇年前。仙台の大学に通っていたころのことだ。クルマを買ったばかりの友人がいた。お互いに夜のアルバイト、深夜を過ぎて仕事を終えると、路上に彼のクルマが待っている。夜のバイトが終わった同士、さてこれからどこかへ出かけようというわけだが、そんなドライブの目的地のひとつが閖上だった。仙台から小一時間、夜明けの漁港に近づくと家並みに点々と明かりが灯る。ブリキの函に赤々と炭火を熾して、焼きガレイや、あるいは笹かまぼこを売っていた。魚市場に入ると、獲れたての魚介類が。あれこれと買い込んで仙台に帰る。アパートで買ったばかりの新鮮な魚介でたらふく朝ご飯を食べて、解散。なんとものどかな一九八〇年代初頭の仙台の大学生たちではあった。

二〇〇〇年に東京から仙台に拠点を移して閖上はまた近くなった。仙台ハーフマラソンに出場する車いすマラソンランナーたちが閖上のサイクリングセンターでトレーニングをしていた。その取材で、海風の吹き流れる松林を縫う一周四キロのコースを自転車で伴走した。センターのビルの二階にはレストランがあって、窯焼きピザがおいしかった。二〇〇七年刊行の『仙台学』四号では「海路歴程　宮城海物語」と題して宮城の海岸線のさまざまな貌を特集。この特集でも夜明けの閖上漁港を取材した。閖上の朝市や五十集《いさば》と呼ばれる行商のおばちゃんたちのルポも載せた。取材だけではなく、たとえばみんなでなにかうまいものでも食べに行くかとクルマに乗り込んで閖上のお寿司屋さんへ行くこともあった。

　私にとってはそんな閖上だったが、いうまでもなく、いまはもうあの景色はない。漁港も魚市場も朝市もお寿司屋さんもサイクリングセンターもひとしなみに流された。あの日の映像を私がはじめて見たのは二週間ほど経ってからだった。被災の混乱でテレビなど観る余裕もなかったのだが、一時避難していた山形で「津波の映像がネットで観られるらしい」と、やっと繫がったパソコンの前にみんなで並んだ。町が畑が流されて行く。すぐに、ああここは閖上のあたりと判った。山形と仙台を行き来する日々に、ふと閖上を目ざした。四月一一日だった。記憶の町が、瓦礫と化して、いたるところ泥で埋まっていた。遺体捜索が続いていた。建物の壁にバスがたたきつけられて宙に浮いていた。そこここに大きな漁船がごろごろ転がっていた。町があったときには意識したこともなかった日和山《ひよりやま》だけが小高く見えた。

　以来、幾度も閖上へ。取材にも行けば、遠来の客を案内もした。住民の避難所となった内陸の学校へも行った。やがて、瓦礫が、建物の残骸が消えた。瓦礫の焼却施設が稼働した。巨大な煙突の横に山なす瓦礫に目を見張った。瓦礫の山が自然発火したりもした。一面の更地に雑草が生い茂り、荒野かと見まごうばかりとなった。日和山が慰霊と鎮魂の場となった。魚市場が、朝市がプレハブで再開した。閖上中学校に犠牲となった子どもたちの慰霊碑が建った。来訪者にかつての閖上を伝えるプレハブが建った。瓦礫の焼却施設が撤去された。日和山のとなりに慰霊碑が建った。

閖上の復興事業が始まったとのニュースが流れたのはこの一〇月。海抜五メートルに地面をかさ上げして、そこに町を再建する。既に工事ははじまっている。更地に土盛りされた台地がぽっかりすがたを現わしている。海岸線では巨大防潮堤の建設も進む。三年八か月の閖上の変貌が、次の局面に移ろうとしているのを感じる。私がかつて確かに踏みしめたあの地面が地層の下に隠れようとしている。そう思えば、かさ上げの台地がまるでなにか古墳のように見える。もちろんここに暮らす人たちの安全や安心や安寧が第一である。それはわかっていても、記憶の町はなかなか消えてはくれない。ここに住まう人たちだけでなく、それぞれの閖上の記憶を胸に持つ仙台人みながきっとそんなやり切れなさを感じている。

閖上だけではない。被災地沿岸が変貌しつつある。巨大防潮堤にかさ上げ工事。あるいは高台移転のために山々を切り崩して宅地造成が進む。見たこともないような巨大な重機やベルトコンベアが、切り崩した山の土をかさ上げに使うために沿岸に運び出す。まるでSF映画のような現場だ。悲劇を、恐怖を繰り返さないためなのだから致しかたなくはあろうが、そうは思いながらもそれでもやはり海岸線の山並みの土地の自然の変貌が胸に痛い。これが復興なのだろう、復興のやり切れなさなのだろう。願わくは、せめて新しい町を生きる子どもたちが、かつての私たちのような楽しい思い出をここに刻むことができるようにと祈る。

東北の島尾敏雄

福島県南相馬市小高《おだか》区。福島第一原発から二〇キロ圏内、二〇一二年春まで警戒区域だった。現在は避難指示解除準備区域と居住制限区域である。住民の帰還目標は二〇一六年四月。瓦礫は消え、除染が進み、帰還準備のためにやって来た住民や作業員・ボランティアの姿を見るようになった。そんな人たちのために原発事故後はじめての食堂「おだかのひるごはん」がオープンすると聞いた。入域した人たちもこれで温かい昼食を口にできる。曇天の冬空の下、不通のままのJR常磐線小高駅前近くに食堂を見つけた。貼り紙に一二月八日オープンとある。残念、今日は五日、早まった。それでも人影があるのでのぞいてみると「小高区で初となる飲食店がスタートします！」と書かれたチラシをおばさんが渡してくれた。かつてここにあった双葉食堂の店舗を借りての営業だが、実はこの双葉食堂、震災前に「ラーメンがおいしい」と地元の人に案内されたことがある。トイレを借りて、墓地の場所を聞いて食堂を出た。

小高を父祖の地とする作家・島尾《しまお》敏雄《としお》の墓に詣でようとやって来た。島尾といえば新潮文庫に入っている『死の棘』や『魚雷艇学生』などを代表作に、一九一七年、神奈川県横浜市で生まれ、関西や九州で暮らし、特攻艇震洋隊隊長として奄美大島で終戦を迎えて一九八六年に鹿児島市で没したのだから、どうしても南の作家のイメージが強い。だが、たとえば『東北と奄美の昔ばなし』（創樹社）や『忘却の底から』（晶文社）、あるいは晶文社版『島尾敏雄全集』を繙けば、その作品世界に東北の陰影が深く刻まれている。両親の故郷が小高だった。幼少からここを自らの「いなか」と認めていた。

「小学校にあがるまでは、一年のおよそ半分ほども都会の父母の許を離れて、思無耶はいなかに寄越された。（中略）そして小学校にあがるようになると、夏休みを待ちかねるようにしていなかに帰った」（『いなかぶり』）、「父母共に陸奥（磐城）の国の人であるので、南の風が心情を培つては呉れたが骨肉に沁しみ込んだとは思へない。（中略）私の眼の底には東北角の偏奇がある」（『幼年記』）と島尾は書く。

　小高だけではない。幻想的な作風でも知られる島尾の短篇に『冬の宿り』がある。作中に具体的な地名はないが、宮城県の読者が読めば蔵王の峩々《がが》温泉が舞台とわかる。作中で語られる山岳遭難事故も実際にあった事故である。私たちはこの短篇を東雅夫さん編による『みちのく怪談名作選vol.1』に収録させていただいた。

　双葉食堂そばの小高生涯学習センター「浮舟文化会館」内に、やはりここを父祖の地とする作家・埴谷《はにや》雄《ゆ》高《たか》と島尾敏雄の資料を蒐めた「埴谷島尾記念文学資料館」がある。いや、あった。資料館の閉ざされたドアには、あの日のままに「島尾敏雄を読む会」開催を告げるチラシがぽつんと貼られていた。薄暗いロビーには島尾の縁で繋がっていた奄美大島瀬戸内町との交流を報告する写真が震災前そのままに展示され、そのすぐ横には南相馬市と浪江町の「放射線量率マップ」が、入り口のラックには「福島第一原子力発電所」の現状と廃炉に向けた取り組み」のパンフレットが。事務室にひとりいた職員によると「無事だった資料は一部を残して原町区の市立中央図書館に移された」とのことだった。

　海へ向かう。短編『いなかぶり』の舞台となった村上海岸の砂浜は地盤沈下に沈んだ。集落と田畑は津波に呑まれ、破壊されたまま残る山沿いの家々、土台だけ残った家並みに、死者を悼む花の色だけが曇天にあざやかだった。荒野のただなか、特定廃棄物の村上仮置場に重機とトラックが蠢《うごめ》く。入り口の空間線量計と日々の線量率を示す看板が禍々《まがまが》しい。

　海岸から小高い山へ入ると墓地があった。記憶をたどって島尾敏雄の墓前に立った。島尾の足跡を追って赤坂憲雄さんとともに奄美から小高まで旅したのは二〇〇七年の秋。資料館の職員の案内で村上海岸や所縁の家をたずねた。双葉食堂を教えてくれたのは案内に立ってくれた彼だった。旅の終点がこの墓地だった。

　赤坂さんの島尾敏雄についてのエッセイは『東北知の鉱脈1』に収録した。赤坂さんにはまた、私たちが企画コーディネートを担当する東北学院大学地域共生推進機構連続講座「震災と文学」で、この六月、「島尾敏雄、あるいは海辺の文学へ」と題してご講演いただいた。エッセイに、こうある。「島尾は（中略）くりかえし東北について語っていた。（中略）いま、自分の中には東北を知りたいという気持ちが非常に強くある、という。また、その賢治の文学などには、なにか「日本」離れしたところがあるが、東北にはそうした「日本」からの離脱を可能とする風土がある、ともいう。そして、賢治とかぎらず、東北の思想家や文学者たちは、毛色が変わった、どこか異端の人が多い、かれらはみな、どこか寂しい……と語っていた」。

赤坂さんとの旅を契機に「東北の作家」としての島尾敏雄に惹かれてきた。いつかじっくり読み返そうと震災前から思い続けていた。震災を経て思いは強まった。今年に入ってやっと島尾作品を手に取れた。冬の墓地で思った。「琉球弧の視点」から列島を見詰めて「ヤポネシア」を幻視したこの墓の主は、自らの「いなか」のいまになにを思うだろうか、と。これからの東北を考えるためのカギが、島尾敏雄の思想の作品の底に沈んでいるのではないか。ゆるゆると読もうと思う。時間はある、まだ間に合うと信じたい。

海辺の図書館

添付ファイルを開くと、どこかで見た景色に大きく「海辺の図書館」とあるチラシの画像である。家の土台だけが残り、黄色いハンカチが風に吹かれるこの景色は、およそ二〇〇人が犠牲となった仙台市若林区の荒浜地区。災害危険区域に指定され、多くの住民がいまも内陸の仮設住宅などで避難生活を送る。居住禁止とされたが、行政と住民の間で現地再建か集団移転かをめぐる議論が続き、三年八か月が過ぎてなお無人の荒野が広がる。巨大防潮堤の工事が進み、海水浴場として親しまれた深沼《ふかぬま》海岸の砂浜は立入禁止。慰霊碑と観音像が荒野を見守る。

ところで「海辺の図書館」とはなにか。オープニングイベントのお知らせなのだが、チラシを読んでもメール本文を読んでもいまひとつはっきりしない。差出人は庄子隆《しょうじたか》弘《ひろ》さん。四一歳。紀伊國屋書店ライブラリーサービス本部ライブラリーサービス部図書館業務委託仙台地区統括である。市内大学図書館を担当、毎日のように各館を巡回している。かたわら、ビブリオバトル普及委員会東北地区副代表として、みちのく図書館員連合（MULU）幹事として、本と人を結ぶさまざまな活動に取り組む。私が庄子さんと知り合ったのは二〇一〇年。震災後も顔を合わせる機会は続いた。人づてに「庄子さん、荒浜で家を流されて大変みたいです」と聞いていた。

一一月末のイベントには参加できなかったが、どうにも気になって庄子さんに会ったのは師走のファミリーレストラン。「海辺の図書館」ってなにするのと尋ねると「いやあ、すみません、みんなにそういわれるんですよ。だけど、とにかくまずはじめてみようと思って。こうやってみなさんと話しているうちにいろいろアイディアが広がるんですが、動きながら考えればそれでいいんじゃないかな」と苦笑した。きっかけはMULUの勉強会に招いた吉田《よしだ》敦也《あつや》徳島大学大学院教授（総務省地域情報化アドバイザー）の講演だった。地域情報発信の重要性とふるさとと荒浜の現状が繋がった。荒浜地区の住民集会に母と出席した。避難住民たちがやはり情報発信に苦慮していると知った。吉田教授と地域の人たちを結べばいいのではないか。海岸近くの小さな集会所「里海荒浜ロッジ」を舞台に「海辺の図書館」がはじまった。

「まずは吉田先生にお話しいただいたのですが、これからなにができるのかを地域の人たちと話し合っているところです」……広大な空き地にかつてここで繰り広げられていた生活を知るための写真を展示する、住民たちから聞き取った荒浜の生活誌を記録する。本を集めて読書スペースをあちこちに作る。「波の音や潮風を感じながら本を読むっていいじゃないですか。ハコものとしての図書館をここに建てるのは大変だけど、空き地そのものを図書館に見立ててここでこれからなにができるのかを考える、そんな空間にしたいんです」と、庄子さんは語る。

　庄子さんは荒浜に生まれ、荒浜に育った。震災後、自分になにができるかを問い続けた。図書館業務の再建や図書館から復興を考える活動に取り組んできた。だが、なかなか自らの故郷と繋がる道がなかった。それがやっと「海辺の図書館」として実現しそうだ。庄子さんは祖母と両親とともに仮設住宅に暮らす。生活再建も半ばだ。だが、最近になって思い出している。震災前からふるさとと本を結ぶ活動ができないかと漠然と考えていた。波の音を聴き潮風を感じながら頁を繰り、これからを想う。庄子さんのそんな「夢の図書館」実現の日を待ちたい。

四年目の仙台

　例年と相も変わらずなんだかんだとあわただしい年末年始を過ごした。二年前に取材に来てくれた台湾人ジャーナリストの急な再訪もあれば、東北をテーマにテレビ番組を企画するタイで制作会社を経営している旧知の日本人もやって来た。地域の本屋さんと年末年始のブックフェアもやればイベントもやって、やはり地域の本屋さんや作家さんや図書館員に学芸員もまじえての忘年会もあり、押し詰まって発売されたムック（三栄書房『一度は読んでほしい小さな出版社のおもしろい本』！）でご紹介いただいたためか、お問い合わせの電話もありがたく、ばたばたしながらも師走三〇日には宮城県石巻市へ。年末年始の買い出しと、来年に石巻出身の作家・大島幹雄さんと企画している『石巻学』のごあいさつである。

まずは水と炎で荒野となった門脇《かどのわき》地区に残る本間家の土蔵を、当主の本間《ほんま》英一《えいいち》さんにご案内いただく。津波による破壊をかろうじてまぬがれた、江戸時代から廻船問屋として栄えた旧家の土蔵である。研究者や有志が保存修復に取り組み、現在は見学者も受け入れている。津波を生き延びた蓄音機の音色に耳傾けながらさまざまな史料を見せていただいて、次はなじみの魚屋さんへと向かう。あれやこれやと買い込みながら、海外へ輸出する絶品の海鞘《ほや》をごちそうになったが、パッケージに「RADIATION FREE」の文字が。放射線量チェックの結果がＯＫだった、その表示だ。ＯＫだったのはいいとしても、極上の味だとしても、この表示そのものが「さびしいね」と思わず漏らすと、ご主人いわく「そうだね、さびしいね。だけど、これだけうまいんだからいいさ」。

年が明けると、東京から義妹と高校生の姪がやって来た。昨秋、東京でひとり暮らしていた義母が仙台に越して来た。その義母をたずねての「里帰り」である。仙台伝統の初売り（タダの初売りではない。公正取引委員会も認めた、藩政時代から続く仙台商人の伝統行事である。まあ、ある種のお祭りのようなものだ）に、青葉山の護国神社の初詣にと、仙台のおじさんとしてはいろいろとこの地の正月のイベントを見てはもらいたいものの、青葉山の展望台からはるか海岸を望みながら「ほら、あの茶色の海岸線が津波にやられたところ」とどうしてもいわずにはおられない……にしても、四年目のあの日を前に、平和な正月ではある。

　そんな日々を過ごしながら、神戸を思った。阪神・淡路大震災から二〇年である。あの一月一七日を前にした年明けに、私はなにをしていたか、なにを思っていたか、まったく覚えていない。あの日を過ぎて、神戸に通い詰めた。被災の日々を確かに見せてもらった。あの経験がこの四年間の私をどこかで支えてくれたのは間違いない。だが、「ああ、そうだったのか」との思いもまたある。わかってはいなかった。取材者として神戸にいくら通い詰めたとしても、どれだけ体験を聴き重ねたとしても、被災者の実感に皮膜一枚のところで届いてはいなかった。ある一瞬に生活が破壊される衝撃は、筆にも舌にも尽くし難い、伝え難い。自らが被災者となってみて、これが実感である。いまここで取材に取り組む人たちへの恨み節では決してない、被災を体験した書き手としての編み手としての私の心底からの反省である。それでも「だからこそ」と思わずにはいられない。これだけ剣呑な災害列島に生きる私たちである。災害に聢《しか》と向き合う書き手や編み手がこの国にはもっともっといていい。

　この原稿を書いている今日は一月五日だが、一七日には神戸に行くつもりでいた。

神戸の二〇年と東北の四年の持つ意味を神戸で感じたかった。東北被災地の二〇年後を神戸に幻視したかった。そこに、阪神・淡路大震災被災地からの呼びかけがあった。二〇年を前にして、一〇日には関西学院大学災害復興制度研究所の二〇一五年復興・減災フォーラム「届け　震災バネが伝える復興への想い〜KOBEからTOHOKUへ」に、一一日はデザイン・クリエイティブセンター神戸（KIITO）の阪神淡路大震災二〇周年事業「加川広重　巨大絵画が繋ぐ東北と神戸2015」に。前者ではコメンテーターを務めさせていただき、後者では東北被災三県の地域出版社が刊行した〈震災関連本〉についてお話しさせていただく。

いずれも二〇回目の一七日には早いが、まずは神戸と東北それぞれの体験を結びたい。全国の被災地の体験を結びたい。筆舌を超えた体験を共有しながら、それをどのように明日の被災者に伝えればいいのかをともに考える、そんな機会にできればと願う。更にこの三月には仙台で第三回国連防災世界会議が開催される。第一回は横浜、第二回は神戸、そして第三回が仙台と、災害をテーマにしながらいずれもが一〇年ごとに日本で開催されているのがまた剣呑ではあるものの、この災害列島に生きる今日のあなたは、明日の被災者である。今日の福島第一原発は、明日のあなたの地域のあの原発である。災害列島に生きるその実感を、難しくはあろうとも幾度も繰り返し神戸と東北から伝えたいと被災体験者はこころから思うのだが、さて、この思いは受け取ってもらえるか、届くのか。いやいや更にそれでも「だからこそなお」と、これは被災を経験した全国各地みなの思いに違いない。

二〇年目の神戸

またもや神戸に出かけた。阪神・淡路大震災二〇年の神戸に立ちたかった。二〇年前に目撃した「被災」を自らの経験も含めて思い返してみたかった。東北被災地の二〇年後を想像してみたかった……ところへ神戸からお声がけいただいて、一月一〇日は西宮の関西学院大学災害復興制度研究所復興・減災フォーラム「届け　震災バネが伝える復興への想い～KOBEからTOHOKUへ」へ、一一日はデザイン・クリエイティブセンター神戸（KIITO）の「加川広重　巨大絵画が繋ぐ東北と神戸2015」へ。

三日間にわたって開催された前者では、プログラムのひとつ「全国被災地交流集会円卓会議　震災バネがつなぐ復興への想い」にコメンテーターとして出席させていただいた。関西学院大学と東北学院大学は被災地支援で連携を取っており、山中茂樹《やまなかしげき》教授をはじめ同大のみなさんには、私たちが編集を担当する東北学院大学『震災学』にもご登場いただいている。円卓会議に参集したのは阪神・淡路大震災、鳥取県西部地震、新潟県中越地震、三宅島噴火、岩手・宮城内陸地震、そして東日本大震災と全国各地の被災地から、被災体験者や支援活動に取り組む三一人。体験を語り、意見を交わす。ほとんどがかつて取材者として足を運び、関わった被災地である。旧知の出席者もいた。それぞれの現場で目にした耳にした〈被災〉を思い浮かべて、やはり災害列島と思いを新たにした。全国各地それぞれに〈被災〉を胸に刻む人たちがあまた存在する。そんな人たちが繋がり合い、経験を分かち合えば、それがより確かな明日の〈復興〉への礎となるのではないか。そうでなくてはこの災害列島に暮らす私たちに未来はない。次なる被災者に希望はない。

仙台在住の画家・加川広重さんが描いた巨大絵画「フクシマ」の展示をメインに、美術、映像、建築、そして音楽や舞踏に古典芸能などさまざまなアート・イベントが九日間にわたって繰り広げられた後者では、展示室のひとつに岩手・宮城・福島被災三県地域出版社の東日本大震災関連書籍およそ九〇冊が並んだ。一一日はその展示室で「被災地と本」をテーマに、東雅夫さんにもご参加いただいてのトークである。三〇人ほどの来場者に東北被災地の地域出版社がこの三年一〇か月になにを考え、なにを伝えようとしたかをお話しした。懇親会では、東北からやって来た旧知もいれば初対面もいる出品・出演のみなさんと「どうして神戸で会っているんだろう」と語り合いながら夜を過ごした。

西宮と神戸いずれの会場にも、独特の空気があった。二〇年を経た神戸、もうすぐ五回目の三月一一日を迎える東北。そして、全国の被災地。〈被災〉を体感した同士の声が思いが交錯する。その声や思いを、この災害列島に暮らす〈被災〉を経験していない人たち、いわば「明日の被災者」にどうやって伝えればいいのか。〈被災〉を経て、被災地が被災者が果たすべき役割はなにか。きっと全国の被災地と被災者の連帯が、それを考えるためのカギとなる。

被災地の大学との共同作業

宮城県仙台市の東北学院大学との共同作業がはじまったのは二〇一二年だった。年二回刊行の『震災学』の編集と発行を担当、学校法人東北学院の震災対応記録集『After 3.11　東日本大震災と東北学院』（東北学院東日本大震災アーカイブプロジェクト委員会編）を刊行したほか、同大地域共生推進機構連続講座「震災と文学」の企画コーディネートも担当させていただいている。同大は東北の私学の雄といっていいかと思うが、実は私の母校でもある。『震災学』刊行のきっかけとなったのは、震災後の出版活動によって、私たちが「出版梓会新聞社学芸文化賞」を頂戴したのを報じた河北新報の記事だった。同大学長室からお電話いただいたのは年明け早々だったか。佐々木《ささき》俊三《しゅんぞう》副学長がなにやら相談があるとのことだった。東北各地の大学や研究機関とは震災前からさまざまに仕事を通じておつきあいがあったが、母校とはなぜかいままでご縁がなかった。なにごとならんとしばらくぶりの母校に行けば、河北新報の記事を手にした佐々木副学長がいた。佐々木副学長はそのころ、同大災害ボランティアステーション所長として、同地域共生推進機構長として、東北学院大学の震災対応の最前線に立っていた。

「被災地の大学として震災に関する発信をどうすべきかが大きなテーマとなっているのだが、まずは『震災学』と題した雑誌を刊行したい。河北新報の記事であなたが卒業生だと知った。東京の出版社ではなく、地域で、それも卒業生が出版社をやっているのなら、そこと一緒にやりたいと思って連絡した。あなたたちに任せたいのだが、どうか」

佐々木副学長の気迫に、私たちも否やはなかった。実は私たちも震災をテーマとした定期刊行物の必要性は感じていた。それなりのスパンを持って、被災地の変化や復興の推移を見ていかなければならない、そのためには単発の書籍ではなく雑誌を出さなければならない、そうは思っていたものの、とても手がまわらなかった。そこに佐々木副学長からのお声がけである。やらねばならないと即座に観念した。通例ならば「持ち帰って検討してからお返事を」などとなるところだが、小一時間の、それも初顔合わせで互いに意思を確認、その場で刊行が決まった。

二〇一二年夏に創刊。取り扱うテーマは仮設住宅、防潮堤、原発事故、災害史、震災と宗教、震災と子どもたちなどなど多岐にわたり、論文も載れば、ルポや聞き書きも載る。雑多な誌面、まさに雑誌である。大学の出版物としては異色かもしれない。だが、これこそが被災地からの発信なのではないか。現場にあるからこそいるからこそ、問題の多様性が痛切に胸に響く。どのテーマにも現場からの肉声があふれる。簡単に結論の出せる状況ではない。単純な解決策などありはしない。「復興」の困難さが雑多な誌面の向こうに透ける。もしかしたら、本誌の記事は一〇年後、二〇年後にこそ力を発揮するのではないかとまで思う。

同じころ、もうひとつの出会いがあった。仙台で震災復興に関するシンポジウムがあった。私たちの出版活動の原点となった「東北学」の提唱者である赤坂憲雄学習院大学文学部教授（福島県立博物館館長・岩手県遠野文化研究センター所長）もパネリストとして出席、私も会場にいた。シンポジウム終了後、ひとりの大柄な男性が近づいてきた。郭基煥《かくきかん》東北学院大学経済学部教授だった。シンポジウムの話題のなかで、赤坂教授は外国人被災者の問題について触れた。聞けば、郭教授は在日韓国人三世。佐々木副学長と共に東北学院大学災害ボランティアステーションを率いて学生たちと沿岸被災地支援に取り組みながら、外国人被災者の支援にもあたっていた。同時に沿岸被災自治体と共同で外国人被災者の実態調査にも着手しており、この問題に触れた赤坂教授にシンポジウムが終わって声をかけて来られたわけである。

既に赤坂教授と私たちは外国人住民の被災体験を記録しなければならないと話し合っていた。そこに郭教授の登場である。このときも、わずかな時間の立ち話ながら「一緒にやりましょう」と即座に決まった。さまざまに経緯はあったが、やがて日韓関係をテーマとする公益財団法人韓昌祐《ハンチャンウ》・哲《テツ》文化財団の助成を受けて、私たちと郭教授のグループが合流、さまざまな立場の一三人のメンバーが、まずは在日コリアン被災者の被災体験聞き取り調査に取りかかった。その成果は、被災三県四二組四四人の聞き書き報告『異郷被災　東北で暮らすコリアンにとっての3・11　東日本大震災在日コリアン被災体験聞き書き調査から』として結実、同書「はじめに」は赤坂教授に、「おわりに」は郭教授による。

東北学院大学とのさまざまな共同作業に、卒業生としては地域とともに歩んで二〇一六年に一三〇年を迎える母校の底力を見せつけられる思いだが、ほかにも仙台の主要四出版社（河北新報出版センター・東北大学出版会・プレスアート・荒蝦夷）が共同企画に動くようにもなった、本屋さんとの連動企画も増えた。被災地に暮らす私たちは、共同で働くことの価値や意義への認識を、どうやら災後の日々で新たにしてしまった感がある。

詰まるところ、私たちは被災地にある職業人であり、被災者・被災経験者であり、そしていまもここに暮らす生活者である。「あの日」からの日々の意味を、これからの日々への思いを、常に我がこととして胸の裡に抱え込んでいる。互いにそれを理解しながら日々の仕事にともに取り組む。ただひたすら粘り強く、それぞれがやれることを手をたずさえてやり続けるしかない。

四年目の三月一一日を間もなく迎える、そんな東北である。

宮城県郷土かるた

私たちが二〇一二年に復刻した『宮城県郷土かるた』が、この三月、料理となる――『宮城県郷土かるた』は一九四九年、当時の「仙台公民館」から発行された。読み札は杉村顕道（一九〇四～一九九九）、絵札は杉村惇（一九〇七～二〇〇二）。二人は兄弟である。

読み札の兄・顕道は現在の明治学院大学と國學院大學で佐々木邦《ささきくに》・折口信夫《おりくちしのぶ》・金田一京助《きんだいちきょうすけ》に師事、やがて教育の世界へ。各地で教鞭を執る。戦後の仙台で医学界に転じ、現在も続く国見台病院を設立。文筆にも手を染め、民俗学・郷土史・漢詩・俳句・小説などなどさまざまな著作を残した。

かたや絵札の洋画家・惇はといえば、現在の東京藝術大学にあたる東京美術学校を卒業、戦前から戦後にかけて帝展・光風会展・河北展・日展などに入賞、東北大学や宮城教育大学で美術教育に取り組み、日展参与も務めた。兄・顕道とともに宮城県藝術協会を設立。仙台市名誉市民でもあり、二〇一四年末には「塩竈市杉村惇美術館」がオープンしたばかりである。

私たちと杉村家とのご縁は顕道の著作復刊にはじまった。顕道の著作はほとんどが戦後仙台での出版だったが、怪談集『彩雨亭鬼談　箱根から来た男』（椿書房）が一九七四年に文芸評論家の紀田順一郎《きだじゅんいちろう》さんに「発見」され、同書は稀覯本として全国の怪奇幻想文学マニア垂涎《すいぜん》の的となった。私たちがこの本の収録作品を含めた顕道怪談を集成して『杉村顕道怪談全集　彩雨亭鬼談』を刊行したのは二〇一〇年二月。幸い好評を得て版も重ねた。

そんなある日、顕道次女・翠《みどり》さんに見せていただいたのが『宮城県郷土かるた』だった。仙台は一九四五年の仙台空襲によりその中心部は灰燼《かいじん》と帰した。戦後は東日本最大の占領軍基地が置かれた。そんな戦後混乱期に杉村兄弟によって教育かるたとして送り出されたのがこの『宮城県郷土かるた』だった。子どもたちが敗戦によって郷土への誇りを失ってしまわないように、かるたを通じて地域のすばらしさを伝えよう……実はこのような試み、各地にあったらしい。よく知られるのは群馬県の『上毛かるた』だが、全日本かるた協会理事も務めた顕道は、宮城以外の東北各地の郷土かるた発行にも関わっている。

さて、どんなかるたかといえば、戦後復興期の宮城県の風物を淡い水彩で描いて「かわいい」と評判の絵札は残念ながらここでお見せすることはかなわないが、歴史や文化を、そして世相を読み込んだ読み札はこんな具合である。

・年にいちどの　七夕祭　町に五色の　雨がふる
・平和日本の　文化の泉　紙とパルプの　石の巻
・遠く海こえ　松島かきが　嫁にゆきます　アメリカへ
・らくなくらしは　伊具養蚕の　生糸輸出の　あとでくる
・うどんめしませ　白石町の　雪のはだえの　ほしうどん
・海苔の気仙沼　景色もよいが　土佐におとらぬ　かつおぶし
・名物そろった　玉虫塗に　堆朱、埋木、つつみ焼
・広瀬河原に　夕風ふけば　誰をよぶやら　なくかじか

震災を経て、翠さんと、惇の息子にあたる杉村豊《ゆたか》さん（染色家・杉村惇美術館名誉館長）、そして私たちのあいだで復刻の企画が持ち上がった。戦災復興の時代、当時の

仙台人たちは子どもたちになにを伝えたかったのか。震災復興のヒントがそこにあるのではないか。そんな想いからの復刻だった。

読み札の裏面には、おそらくは顕道による当時の視点からの解説がある。だが、六六年前の解説である。復刻版には佐藤信夫《さとうのぶお》仙台市史編纂委員会調査委員による現在の視点からの解説を別紙に付して、子どもたちのかるた大会なども市内各所で企画した。

それが今度は料理である。この三月、仙台で国連防災世界会議が開催される。国内外からやって来るみなさんに、仙台ならではの食を味わってもらいたい——そう思った日本料理「華の縁」の渡辺義範《わたなべよしのり》総支配人が、本屋さんで私たちの『復刻版　昭和24年　宮城県郷土かるた』と出会って「このかるたを使って料理ができないだろうか」と閃いた。読み札にある食材を使い、絵札を器に添えて、だけでなくかるたに取り上げられた民芸品なども店内に飾って見てもらおうという趣向である。

翠さんと豊さん、それに私たちもこんな楽しそうな企画に否やはない。ちなみに「華の縁」は仙台人にはおなじみの老舗喫茶店「ホシヤマ珈琲」グループの日本料理店だが、渡辺さんによると食材の提供者や民芸品の作家のみなさんも揃って乗り気で、「三月は店内がちょっとした宮城文化のギャラリーのようになりそうです」と声が弾む。この原稿を書いている段階ではまだ料理そのものも含めて全貌は見えないが、店内に惇画伯の絵も飾られる予定となっており、想像するだけで舌にも目にも楽しそうだ。

三月いっぱいはメニューに出すとのこと。仙台にお越しの機会があれば、ぜひご賞味を。舌鼓を打ちながら、戦後復興の仙台へと、現在の震災復興の仙台へと想いをめぐらせていただければと、関係者一同、願っている。

伊坂幸太郎との対話

伊坂幸太郎『仙台ぐらし』集英社文庫解説

この対談は、荒蝦夷の雑誌『仙台学』連載を中心に、仙台をテーマとしてまとめられた伊坂さんのエッセイ集である『仙台ぐらし』の、文庫版解説として行われたものである。二〇一二年に荒蝦夷から『仙台ぐらし』として刊行した本書に、集英社文庫版では、未収録だった一篇と、新たな「あとがき」として一篇を増補している。文庫編集の過程で「解説を書け」となったのだが、連載からずっと編集を担当してきた私としてはなかなかやりにくい。この一〇年の伊坂さんの仙台ぐらしを綴ったエッセイが収録されているわけだが、ある意味では東日本大震災を挟んだ一〇年でもあるのだからなおさらである。書きあぐねた末に、著者ご本人にご登場を願って、『仙台ぐらし』成立の裏話や思い出を語り合ってみた。それでは、どうぞ。

土方　私たち仙台の出版社、荒蝦夷が、二〇一二年に出させていただいた伊坂さんの『仙台ぐらし』がいよいよ文庫になりました。この文庫には私たちの『仙台ぐらし』に収録されたエッセイに加えて、「仙台文学館へのメッセージ」と「文庫版あとがきもしくは、見知らぬ知人が多すぎるⅢ」が収録されています。

伊坂　「仙台文学館へのメッセージ」は、二〇一一年の震災直後に、仙台在住の作家みんなで仙台文学館を通じて仙台のみなさんへメッセージを寄せたのですが、そのうちの一本で、地元の人に見てもらえればいいと思ったものなのです。「文庫版あとがき　もしくは、見知らぬ知人が多すぎるⅢ」は、今回の文庫化のおまけみたいな感じで書きました。

土方　そこで、解説にかえて、『仙台ぐらし』の舞台裏でもどうかな、と。

伊坂　土方さんとはじめて会ったのは、僕が二〇〇〇年に『オーデュボンの祈り』でデビューした直後ですよね。本が出て二か月も経っていなかったんじゃないかな。

土方　仙台になんともユニークなミステリーを書いてデビューした小説家がいるぞ……と電話したわけです。仕切り直しがあったのを覚えていますか。ある日の午後に会う予定だったのに、僕が本屋さんにいたらケータイが鳴って、伊坂さん、ガラガラ声で「風邪なんです、声が出ません、来週にしましょう」って。

伊坂　そうでしたっけ（笑）。

土方　で、次の週、駅前のホテルのいまの定番の打ち合わせ場所じゃなくて、その二階の喫茶店で会社帰りの伊坂さんに会った。きちんとスーツを着て、どこにでもいそうななんとも普通の若手サラリーマンでした。それなのに、話すのが突飛なイメージばっかり。いまから思えばあのとき、そのあと次々と作品となるアイディア――「陽気なギャング」シリーズとか『アヒルと鴨のコインロッカー』とか――が、実際に世に出る前に聞かせてもらっていた。この仙台にとんでもない物語をたくらんでいる作家がいたものだって、爆笑しながらね。なんともゴージャスなインタビューでした。

伊坂　あのインタビューが土方さんたちが編集を担当していた『別冊東北学』に出て、それを読んだ編集者が連絡をくれて、実際に本になった作品もあるんですよ。だいたい、あれがデビューしてはじめての本格的なロング・インタビューでしたからね。

土方　それからは、よく会いましたよね。僕は仙台の北の地域に住んでいるんだけど、事務所まで一時間ちょっとダイエットのために徒歩で通っていた。歩いていると飽きるから、なんとなく途中の喫茶店に寄ってモーニングを頼んだりして、そうしたらいるんだ、伊坂さんが。いまや都市伝説みたいになっているけれど、仙台の朝の喫茶店で、伊坂幸太郎が原稿を書いている。その現場に出くわして「あれ、おはよう」なんて（笑）。

伊坂　こっちが夢中になって原稿を書いているのに、となりの席に土方さんがやって来て、世間話です。なんだかなあ、と（笑）。

土方　いや、だけど、僕も執筆の邪魔をしては悪いと思ってはいたんですよ。どんどんいそがしくなっていたのはわかっていたしね。ある朝のことなんだけど、伊坂さんが喫茶店のテーブルにばったりとうつぶして眠りこけてたんだよね。ああ、疲れているんだなあ、と思ってとなりの席でモーニングを黙々と食べて、声をかけずに喫茶店を出たこともありました。

伊坂　それは知らなかった。

土方　だって、眠ってたから（笑）。かと思えば、ある朝、とある喫茶店の前を通りかかると、ウィンドーの向こうで伊坂さんが盛んに手を振っている。なんだろうと思って喫茶店に入ったら「昨日、こんなことがあったんですよ、聞いてくださいよ」なんて……。

伊坂　そんなこともありましたね（笑）。

土方　いろいろとお仕事もお願いするようになりました。この『仙台ぐらし』の連載もそうだけど、井上ひさしさん、佐伯一麦さん、熊谷達也さん、俵万智《たわらまち》さんなど、仙台ゆかりの作家のみなさんとの対談企画とか、あと、「サクリファイス」（『フィッシュストーリー』所収）と「相談役の話」（『首折り男のための協奏曲』所収）と、短篇も書いていただきました。

伊坂　「相談役の話」は『幽』の掲載だったけれど、編集は土方さんたちの担当でしたよね。いろいろやりましたが、困っちゃうこともあるんですよ。普通に顔を合わせるいわばご近所さんだけに、土方さんの仕事、なかなか断れない（笑）。「いいですね、おもしろそうですね、やりましょう」とか、思わずいってしまったり。あれはなんのときだったかな、東京からちょっと大きな仕事を依頼されたことがあったんだけれど、いやいや待てよ、まずは土方さんに頼まれた原稿を書かなきゃいけないから、これは引き受けられないな、なんて断った。これまた「なんだかなあ」なんですが、オレはあの仕事を断って、いま地元の出版社の原稿を書いているんだぞとか、逆におかしな気合いが入ったりして（笑）。

土方　ありがとうございます（笑）。

土方　僕ら荒蝦夷が刊行する『仙台学』で、伊坂さんの『仙台ぐらし』の連載がはじまったのは二〇〇五年。『仙台学』は年二回の刊行ですから、第一回の「タクシーが多すぎる」から第一〇回の「多すぎる、を振り返る」まで、五年間、連載終了は二〇一〇年の一二月でした。

伊坂　長かったです（笑）。

土方　あれっ、第一回掲載の『仙台学』創刊号、二〇〇五年七月発行だから、この文庫が出る六月が連載開始からかぞえてほぼ一〇年ですよ。ほんとにいろいろありましたが、このエッセイを「多すぎる」シリーズに決めたのは伊坂さんでした。こちらとしては仙台にまつわるエッセイを年二回と、それだけお願いしていた。そうしたら、二回目も「多すぎる」だった。原稿が届いてすぐに伊坂さんに連絡して「いいの？　このまま続けたらネタに困るんじゃない？」って尋ねたら「いや、これでいいんです」って、伊坂さん、割にキッパリと。

伊坂　もともとエッセイは得意じゃない。作り話というか、おもしろいお話を考えるのは好きなんです。だけど、エッセイって、基本は日常の出来事からなにかを考えて書かなきゃならない。僕の日常って、特別なことはなにもないんですよ、静かにこっそり暮らしているものですから、特に書くことがない（笑）。それで、なにか「枠」を決めて、意識して日常生活でエピソードを集めてみようかな、と。それと、これは「あとがき」でも書きましたが、半分くらいは作り話にしておもしろおかしくやってみようとも思っていました。ところが、目論見が大きく外れてしまった。「多すぎる」を枠にした作り話なんてそんなに思いつくものじゃない。四苦八苦しながら、結局、ほとんどが実話にするしかなくて。

土方　五回目が終わって折り返すところで、あんまり辛そうだから「後半は『少なすぎる』にしませんか」ってこちらから提案もしたんですが……。

伊坂　土方さんにあの提案をされたときは、思わず笑っちゃいましたよ。だって、「多すぎる」が「少なすぎる」になったところで、あまり変わらないじゃないですか。また同じことを繰り返して追い詰められる。それどころか、考えてみれば「少なすぎる」枠は「多すぎる」枠よりも、もっと難しそうだから「いやいや、このまま続けます」（笑）。

土方　やっぱりいまもエッセイは苦手ですか？

伊坂　苦手ですね。『仙台ぐらし』は最初は『仙台学』創刊の景気づけになってくればいいなと思ってお引き受けしたんです。それと、エッセイに苦手意識はあったんですが、あのころはまだ「ちょっとやってみてもいいかな」みたいな気持ちもあった。それが、一〇年やってみて、やっぱりエッセイは苦手だ、僕にはとても難しいとわかった。だから、エッセイは基本的に書かないと決めました。

土方　伊坂幸太郎にエッセイの筆を折らせたエッセイ集がこの『仙台ぐらし』だった（笑）。だけどほとんどが実話って、なんだか充分におかしな日常なんじゃないですか？

伊坂　これは仙台だからなのかなとも思います。仙台って都市としては大きいんだけれど、暮らしはコンパクト。海も山も近くて、ちょっと中心を外れれば田んぼや畑が広がっていて、と自然がたくさんあって、だからこそいろいろな人たちが暮らしている。そんな町を、僕はいつも歩きまわっている。ちょっと不思議な人たちと出会う確率が高いのかもしれません。あと、さっき土方さん、都市伝説っていったけれど、なんだか僕がパソコンを抱えて町の喫茶店で原稿を書いているって、みんな知っている気がして（笑）。

土方　知ってる人、結構いるんじゃないかな（笑）。

伊坂　そうかなあ。でも、だからってなにかイヤな思いをしたことはないんですよ。サインしてくださいなんていわれることもあるけれど、これも仙台の人たちならではなのかもしれませんけど、みなさん、なんというのかな、こっちの仕事を邪魔しないように気にしてくれる人が多いですし。

土方　ほとんど実話っておどろかれるかもしれないけど、実際、朝の喫茶店で世間話をしていて「こんなことがあったんですよ」って伊坂さんから聞いた話が次回の原稿に入ってることもありました。あと、「文庫版あとがき　もしくは、見知らぬ知人が多すぎるⅢ」の「ソンソン弁当箱」のエピソードなんて、僕らまで伊坂ワールドに取り込まれたような不思議な感覚を味わいました。それに、伊坂さんと歩いていてちょっとおかしな現場に出くわしたりもして。このあいだ、仙台駅前のペデストリアン・デッキを一緒に歩いていたら、すれ違いざまに男子高校生が全力疾走をはじめた。どうやら行く手に友だちを見つけて追いつこうとしたらしいんだけど、走り出したとたんにケースに入ったアイフォンを、どうして気づかないのってくらい派手に落とした。伊坂さん、それをさっと拾い上げて振り向くや、「落としましたよー！」って大声で叫びながら全力疾走の高校生を全力疾走で追いかけた。人ごみのなかでなかなか自分のことと気づかずに高校生はしばらく走り続けて、逃げる高校生、追う伊坂幸太郎みたいな（笑）。高校生、やっと伊坂さんの声に急停止して「ありがとうございました」。

伊坂　あのときは走りました（笑）。

土方　だけど、確かに仙台ってそういう町かもしれません。伊坂さんほどじゃないけど、僕も町を歩いていてちょっと不思議な声をかけられる。とんちんかんな受け応えをしながら、あれっ、これって『仙台ぐらし』だよな、なんて思ったりすること、ありますよ。

土方　さっきもいいましたけど、第一〇回を二〇一〇年一二月末発行の『仙台学』に掲載させてもらって、さて本にまとめようと編集作業を進めていた最中の二〇一一年三月一一日、東日本大震災です。

伊坂　土方さんたちと震災後にはじめて会ったのは一四日の夜でした。

土方　山形の知り合いからおにぎりが届いた。そのおにぎりを持っていった。伊坂さんの家のそばの震災で休業中のドラッグストア、その真っ暗な駐車場でしばらく立ち話をしました。寒い夜だった。

伊坂　あのころは、このまま日本も仙台も立ち直れないんじゃないか、もう小説なんて書けないんじゃないか、そんなことを考えていた。それなのに、土方さん、『仙台ぐらし』を出そう、こんなときだからこそ絶対に出そう、と。おにぎりを持って（笑）。

土方　そんなこといったなんて、実はすっかり忘れていたんですよ。あとになって伊坂さんに「あのとき、いってましたよね」といわれて、そういえばそうだったなと思い出した。

伊坂　とはいえ、すぐには出せなかった。結局、二〇一二年三月を目ざそうということになりました。

土方　しばらくはお互いに仕事や生活の立て直しに手いっぱいでしたからね。僕らは都市機能の麻痺した仙台から、おとなり山形市に一時避難して営業を再開。八月に仙台に戻りました。伊坂さんと山形で会ったりもしたね。編集作業の再開は夏の終わりか秋ごろだったかな。あの年のことはあまりはっきり覚えていないんだけど、そのころ既に伊坂さんは僕らの『仙台学』をはじめ、震災に関するエッセイを発表していた。それも入れましょうといったんだけど、最初、伊坂さんは「入れたくない」といったんだよね。

伊坂　被災地に暮らす作家としてなにか書いて欲しいって原稿依頼、東京のメディアからたくさん来たんですよ。でも基本的に断っているんですよね。僕は仙台市民だけれど、沿岸の人たちのように壊滅的な被害を受けたわけではない。家族も家も無事でしたし。そんな僕が震災に関してなにを発信すればいいのか、被災地の代表みたいになるのは、違うじゃないですか。ただ、原稿を求める側は、被災地からの発信を求めているわけで、なかなか難しいんですよね。とはいえ、『仙台学』もそうだけど、地元紙の「河北新報」やタウン誌『Kappo 仙台闊歩』、あるいは仙台文学館など、地元からの原稿依頼だけはお引き受けすることにしました。僕たちは沿岸の人たちのように津波被害は受けなかった。とはいえ、物資不足とか、あるいは土方さんもそうだけれど、揺れそのものによって自宅が全壊したとか、いろいろ大変だったじゃないですか。確かに仙台の中心部は日常を取り戻したように見える。だけど、それを見てよそからやって来た人たちに「仙台は、だいじょうぶそうですね」とかいわれると、ちょっと違うんだよな……と思ってしまって。この微妙な感覚を呑み込んだうえで、仙台の人たちは僕の文章を読んでくれるのではと思ったのと、やはり僕は仙台市民ですから、仙台に暮らす僕はいまこんなことを考えている、と同じ仙台の人たちに伝えなくちゃいけない気もして。だから、地元からの原稿依頼だけは受けたんです。

土方　だけど、『仙台ぐらし』に入れるのはためらった。

伊坂　あのころ、「震災関連本」がたくさん出ていたじゃないですか。この本はそうはしたくない、みたいな思いはありますよね。僕はたまたま仙台に暮らしていて震災に遭った。震災があろうとなかろうと仙台が好きで、いまも暮らし続けている。なのに、震災があった都市ってことだけがクローズアップされるのは、違うじゃないですか。だから、「多すぎる」のあとに震災のエッセイが入ることによって、『仙台ぐらし』が「伊坂幸太郎の震災本」みたいに見られたら嫌だな、と。

土方　ずいぶん話し合いましたよね。僕が伊坂さんに伝えたのは、震災を経験して、震災後の日常を取り戻しつつあるけれど、どこか震災前の日常とは違っている。震災前と震災後の日常は地続きなんだけど、日常の意味が変化してしまった。だけど、どちらも僕らの日常には違いないんだから、震災前の「多すぎる」だけでなく、震災後のエッセイまで含めて「いまの仙台の日常」としなくてはならないんじゃないか、それがいまの『仙台ぐらし』なんじゃないか……。うまくいえないけど、そんな話をした覚えがあります。

伊坂　そうでしたね。結局、仙台の出版社、荒蝦夷が、仙台で出す本なんだから、これでいいのかな、と。あと、帯とかにも「震災」ってことばを使わない、って土方さんが決めてくれて。

土方　そうでした。伊坂さんの震災後はじめての本だったし、震災から一年後のタイミングでもあったし、たとえば「伊坂幸太郎、震災後初の一冊」みたいな帯でもよかったんだけれど、そうじゃないよね、と。被災地の作家と出版社だからこそ、淡々と出そう、と。とはいえ、仙台の小説家と出版社と読者が、あのときこんなことを考えていた、その意味では、全国のみなさんに読んで欲しかった。被災地で本を出すというのはどういうことなのか、そのひとつの記録になるかもしれないとも思いました。そうしたところに、「ブックモビール　a bookmobile」です。ある日、これも収録してくださいと、伊坂さんからメールで届いたんだけど、びっくりしましたよ。まさに被災地を舞台にした短篇だった。

伊坂　この小説のモデルとなったボランティアの若者たちと、ひょんなことから知り合ったんです。彼らに同行して沿岸被災地にも行きました。お手伝いにもならないようなお手伝いをして、そうか、本をめぐってこんな支援をしている人たちもいるんだな、と。最初は書くつもりなんてまったくなかったんだけれど、彼らのことならば書きたいなとふっと思った。もちろん震災が背景にはあるんだけど、それだけではなくて、彼らを手がかりにさせてもらえばいつもの僕の小説を書けるんじゃないかみたいな、そんな感じかな。で、書くには書いたんですけど、どこに発表したらいいものか、いろいろ経緯はあったのですが、これは『仙台ぐらし』に入れてもらうのがいいかなあって。

土方　震災前から、ボーナス・トラック的になにか書いてもらえませんかって話はしていたんですよね。だけど、震災後の混乱のなかで、そのまま立ち消えになっていた。そこに、突然の「ブックモビール」でしたから、え、ほんとにいいの、みたいな（笑）。

伊坂　だってこれ、ほかの本には入れられないですよ（笑）。『仙台ぐらし』しかない。

土方　どんなお話かは本書を読んでいただくとして、あと、印刷所の見学も行きましたね。

伊坂　そう！　それから『仙台ぐらし』が刷り上がる日に荒蝦夷の事務所に行ったら、ちょうどトラックから荷物を降ろすところで、僕も一緒に段ボールを運んだり（笑）。あと、荒蝦夷は注文があった本の発送も自分たちでやっているんだけど、仙台市内の書店員さんが手伝いに来てくれたりしてましたよね。なんだか、手作り感覚が新鮮でした。

土方　いや、ウチはいつもあんな感じなんです（笑）。だけど伊坂さん、震災に関してはこれからも書かないんですか。

伊坂　いやあ、僕がいえることとなんてほとんどないですし、というか、世の中には震災とか、そうじゃなくても大変な人はたくさんいて、それについていろいろ書ける力はないと思うんですよね。僕は僕なりに自分の小説を書き続けるしかないので。

土方　だとすれば、この『仙台ぐらし』は貴重な一冊ですね。文庫になって、さらに多くのみなさんに読んでいただければと思います。ところでさ、伊坂さん、また『仙台学』でエッセイの連載しない？　今度は「少なすぎる」で。

伊坂　イヤです（笑）。

土方　だよね（笑）。

第6章　〈被災〉の未来

２０１５年３月〜

五年目がはじまる

三月五日　河北新報出版センター、東北大学出版会、プレスアート、そして私たち〈荒蝦夷〉の在仙四出版社共同新刊案内『せんだーどの本棚』第一号が完成。河北新報出版センターの水戸智子《みとともこ》さんが、締め切りを守らない男どもを尻目に奮闘してくれたおかげでなんとか実現。市内主要書店で無料配布される。

三月六日　一四日刊行の『震災学』六号を校了したと思ったら、もうひとりの〈荒蝦夷〉である共同経営者の千葉由香がインフルエンザでダウン。なにせ私たちとパートの川島真理子《かわしままりこ》姉御の三人で切りまわす超零細、ひとり欠けるとてんてこ舞い。東北大学出版会の小林直之さんに事情を話すと「パニック・イン・アラエミシじゃないですか」となつかしい映画のタイトル捻りで返される。

三月七日　四度目の三月一一日とそれに引き続く国連防災世界会議に向けたブックフェアの準備や配本に新刊案内と、終日市内の本屋さんまわり。千葉に代わって鷲羽大介さんに出動を要請。鷲羽さんは山形市在住の文芸評論家・池上冬樹《いけがみふゆき》さんが講師を務める仙台文学塾運営委員会会長にして東北怪談同盟員。かつてはウチのアルバイトも。イザというとき頼りの助っ人である。

三月八日　朝日新聞「ニュースの本棚」に、河北新報『表現者たちの「3・11」』（同社出版センター）書評と、執筆を担当した記事が掲載されたと思ったら、六日付けの北海道新聞夕刊も届く。同紙では三月いっぱい週イチ掲載で被災地のいまを伝える記事を連載させていただく。ちなみに私は北海道生まれ。北海道の友人から「読んだぞ」メールが。

三月一〇日　朝からうれしい知らせ！　我らが初代アルバイトにして私たちが編集を担当した『地震のはなしを聞きに行く　父はなぜ死んだのか』の著者でもある須藤文音が故郷・気仙沼で無事に男の子を出産。よくやった！　あの津波でお父さんを亡くして四度目の三月一一日を迎える、その前日である。通勤途中、アーケード街の三瀧山不動院で故人に手を合わす。

三月一一日　朝、市内三三斎場に毎年恒例となった献花台で合掌。午後、若林区荒浜の慰霊祭へ。二時四六分、黙禱。今年はここ荒浜で観世流能楽師・八田《はった》達弥《たつや》さんによって能「松風」が奉納された。ここに生まれ育ってすべてを流され、いまは仮設住宅に暮らす「海辺の図書館」主宰の庄子隆弘さん（紀伊國屋書店ライブラリーサービス本部）らが企画した鎮魂の「松風」である。物語の須磨の海と眼前の宮城の海が、幻想に交錯した。

三月一三日　明日からの国連防災世界会議開幕に向けて、仙台市内がざわめき始めた。気仙沼よりメール。命名、湊人《みなと》。

三月一四日　『震災学』六号刊行。インフルエンザから復活した千葉と配本に走る。国連防災世界会議が四日間の日程で始まった。私たち被災地の出版社がこの四年間に送り出した〈震災の本〉を、四万人ともいわれる参加者・関係者に手に取ってもらえれば。仙台空港に立ち寄る。一二日にお披露目となった大友克洋《おおともかつひろ》さん原画による陶板レリーフ『金華童子風神雷神ヲ従エテ波濤ヲ越ユルノ図』が観たかった。大友さんは宮城県登米市生まれ。千葉には高校の先輩でもある。タイトルの通り、風神雷神を従えて鯉にまたがった童子が、ふてぶてしくも逞しく波濤を、いや、はっきりと津波を乗り越えていた。子どもたちよ、災後の日々を逞しくあれと祈る。

慰霊の日に

三月一一日をどう過ごすか。自治体主催の慰霊祭がある。地域の寺院で法要が営まれる。家族を亡くした人たちにとっては墓参の日でもある。象徴となった場所に集まる人たちもいれば、会社や職場で、あるいは家庭や避難生活の場で、それぞれの二時四六分を迎える人たちもいる。ひとり静かに黙禱する人もいる、ひとりでは重すぎてみなの集まる場所に向かう人もいる。津波に流されて更地になったかつての町は、年に一度の避難住民の再会の場ともなる。沿岸六〇〇キロがひとしなみに流された東北被災地はあまりに広大すぎて、みなの思いがひとつの場に収斂しきれない。自分は今日どこで二時四六分を迎えるのか、それぞれの場を求めて、仙台の町を歩く人たちの空気感も違う。

一年目のその日、私は仙台市中心部のアーケード街にいた。二時四六分が近づくに連れて、パチンコ屋さんの鳴りものも、客への呼びかけアナウンスも、さまざまな音楽もはっきりとボリュームが落ち、やがて消えた。黙禱を呼びかけるアナウンスに道往く人みなが路上に立ち止まって、雑踏がぴたりと止んだ。建物内も動きを止めて、時報が響いた。手を合わせる人が、ただ瞑目する人が、俯いてすすり泣く人がいた。二年目は名取市閖上の日和山へ。読経と焼香の列があり、更地となったかつての住まいの跡には家族が集まっていた。三年目は、東北学院大学の礼拝堂に。一九三二年築の石造りの礼拝堂に、パイプオルガンの音と賛美歌が沁みた。

三月一一日は終日にわたって被災地に暮らす私たちみなの気持ちがそれぞれに揺れ動き続ける。私はといえば、事務所に向かう途中に献花場に立ち寄るのが例年となった。市内三三か所の葬祭会館が献花場として市民に開放されている。献花場で手を合わせて、二〇一五年のその日の午後は市内若林区荒浜に向かった。海に面した荒浜は甚大な被害を受けた。およそ二〇〇人が津波に呑まれた。瓦礫の山が片づいた一面の更地に、土台だけ残った家々の痕跡が痛ましい。更地の向こうに仙台の高層ビル群がやけに近く見える。巨大防潮堤の工事が進み、海は見えない。浜にも立てない。

冷えきった青空の下に小雪まじりの強風を受けて、人が車が続々と集まる。海岸近くの荒浜慈聖観音像は二〇一三年の建立。観音像を挟んで、犠牲者の名を刻んだ慰霊碑、そして「慰霊の塔」が並ぶ。荒浜で家を流され、現在は家族とともに内陸の仮設住宅に暮らす庄子隆弘さんらが運営する地区住民の集会所「海辺の図書館」のプレハブにも人が集まりはじめた。今日は黙禱のあと、プレハブ前の広場で能楽師の八田達弥さんが能「松風」を奉納する。かつてお寺があった更地にテントが見えた。集まったのは地区の遺族のみなさんだろう。更地をぐるりと見渡せば、そこここに三〇〇人ほどはいるだろうか。

観音像の前で二時四六分を待った。やがて黙禱が呼びかけられ、時報が鳴った。防潮堤の工事車両が、弔鐘がわりのクラクションを冬空に鳴らし続ける。「慰霊」と「鎮魂」の黙禱に、被災者の胸の裡は更に複雑に捩じれる。二〇一一年三月一一日午後二時四六分までの暮らし、あの瞬間のそれぞれの体験、そして四年の日々。さまざまな記憶や想念が寒空を満たして風に散った。黙禱が終わり、観音像に焼香する人たちの列が続く。能の謡と笛の音が空に消える。祈りを終えた人たちが三々五々、荒浜を去る。五年目の日々がはじまった。

若者の思い

二月の末、香川県高松市の西日本放送から事務所に電話が入った。受話器の向こうで「おぼえていますか」と若い男性の声がする。「おや」と思って訊けば、二〇一二年に私たちをたずねて来てくれた中桐康介《なかぎりこうすけ》さんだった。当時は岡山大学の四年生として被災地支援に関わっていた。中桐さんらに招かれて、同年、岡山市で開かれた被災地支援イベントに私も出席。被災地の映像をご覧に入れながら、状況を報告させていただいた。そういえばそのとき、放送局に就職が決まったと聞いた記憶はあるが、いずれにしてもそれ以来である。

「いま、西日本放送でアナウンサーをしているのですが、四度目の三月一一日を前に防災をテーマとしたラジオ番組を担当しています。東北の被災地がいまどうなっているか、電話で話してもらえませんか」

そうか、と思った。あのころ被災地支援に関わってくれた大学生たち、いまや社会人なんだな、それぞれの立場で被災地を忘れずにいてくれるんだな、そう思ったらなんだかうれしくなって、慣れない電話での生出演を承諾、遠く離れた香川の人たちに東北被災地のいまをお伝えしたのは三月六日だった。

三月一一日を過ぎて一四日から一八日、仙台市で開催された国連防災世界会議。世界一八六の国と地域から各国の首脳クラスや国際機関関係者、世界のＮＧＯが仙台に集まった。五日間にわたった本会議だけでなく、四〇〇ものシンポジウムやセミナーなどのパブリック・フォーラム（一般公開事業）もあれば、市内各所に関連展示もあり、参加者・来場者は一四万人を超えた。

最終日のパブリック・フォーラム「復興支援インターンに関するシンポジウム～東日本大震災からの復興に向けた学生・地域・行政の協働について～」に出席した。「復興支援インターン」とは、日本全国の大学生が被災企業で就労を体験、大学に戻って被災地の現状を地域に発信するとともに、被災企業の支援や復興の人材育成に繋げるべく、東北学院大学が事務局を務める復興大学災害ボランティアステーションと被災自治体の商工会議所、復興庁宮城復興局が進める事業である。大阪学院大学、敬和学園大学、尚絅《しょうけい》学院大学、西南学院大学、中央大学、名古屋学院大学、立命館大学の学生たちの発表を聞きながら、やはり四年が過ぎたのだなと思った。

「東日本大震災が発生した二〇一一年、私たちは高校生でした。被災地のためになにかしなければと思ったけれど、高校生には難しかった。大学に入ってこの事業を知って、あのときはなにも出来なかったけれど、いまなら出来ると参加しました」

またもやそうか、と思った。みんなあのとき高校生だったのか。おそらくは報道などで知った東北被災地の惨状を忘れることなく、ここにやって来てくれた。発表が終わって、グループにわかれてのディスカッション。私は「民間企業の大人」グループだった。学生たちを受け入れた水産加工会社やいちご農園などの経営者と社員、人材派遣会社社員、そして私である。

さまざまに話し合ったが、被災地の大人としては若者たちの思いをどうやって引き受けるか、そこに討論の核があった。被災地からの呼びかけを受けてやって来てくれた彼ら彼女たちのその思いを分け持つ責任を、私たち被災地の「大人」は負ってはいないか。そして、更に被災体験の継承をいうならば、被災地支援や就労の体験などを通じて私たちの「実感」や「内心」を若者たちに伝えるのもまた大切な「継承」なのではないか。

そんなことを考えさせられた三月である。

本を繋ぐ

私たち夫婦にもうひとりの〈荒蝦夷〉である共同経営者の千葉由香が宮城県気仙沼

市に向かったのは三月二七日の午後だった。三月一一日から国連防災世界会議がはじまり、続いて共同経営者の千葉と経理担当の川島真理子がインフルエンザに倒れ、そこに東北学院大学『震災学』六号の刊行が重なって、あわただしく過ごした一か月がようやく終わり、ほっとひと息……かと思いきや、一か月のあいだとにかく横に置いておいた事務仕事やら打ち合わせがどっと押し寄せた。この日の午前中には石巻市生まれのノンフィクション作家・大島幹雄さんたちと夏に創刊予定の雑誌『石巻学』の企画会議。それを終えて、三月一〇日に生まれた赤ん坊に会うために車に飛び乗った。

母の名は須藤文音。気仙沼に生まれた。およそ一〇年前、高校時代に宮城県の高校生文芸コンクールで優秀賞を受賞。仙台の専門学校に進学して私たち〈荒蝦夷〉の初代アルバイトとなった。以来、私たちは気仙沼の彼女の実家のみなさん——両親に祖父母、そして妹——と、公私ともにさまざまにおつきあいさせていただいてきた。あの日、船舶の通信機器の技術者だったお父さんが津波に呑まれた。二週間後に発見されたお父さんと対面した。柩を担がせてもらった。悲しみと悔しさと怒りの日々にあって、彼女は児童書『地震のはなしを聞きに行く　父はなぜ死んだのか』を著した。亡き人との「不思議な再会」を〈みちのく怪談コンテスト〉に、私たちの『仙台学』に投じた。それから三年が過ぎた昨年、彼女は結婚。そして、四年目の三月一一日の一日前、無事に男の子を出産した。

私と同世代だったお父さんが津波に呑まれて四年目の一日前でもあるわけだが、予定日は一四日だった。「初産だから遅れるかもね」などと女性陣の声を聞きながら、あわただしさが落ち着いたころに吉報が届くかと思っていたら、なんと一〇日である。メールで届いた生まれたての赤ん坊の写真を見ながら、やっと気仙沼に向かえたのがこの日だった。

たとえば、津波で幼い我が子を亡くした若い夫婦が、震災後、新たに子を得て「あの子の生まれ変わりだと思うんです」と、精神的に立ち直ったなど、この四年間、そんな話を取材の過程で耳にしてきた。かつて故人と酒を酌み交わした気仙沼の彼女の実家で、彼女の家族とともに喜び合いながら、生まれて間もない男の子を見ながら、彼の遺影に手を合わせながら、確かにそうかもしれないなと思った。とにかく、よかった。それしかいえなかった。湊の人と、湊人と命名されていた。

宮城県の北の果て気仙沼は、仙台から三陸自動車道で内陸寄りを三時間。津波に舐められた更地が広がり、櫛の歯が抜けたように建物が消えた気仙沼の町で、本屋さんにあいさつまわり。おいしい魚介と気仙沼ホルモンを食べ、温泉に浸かって、今度こそほっとひと息。次の日、太平洋を左に見ながら仙台へ戻る。帰途は三陸自動車道ではなく、海岸に沿って国道四五号線を南下した。

津波に呑まれ尽くした海岸線は、褐色の世界である。巨大防潮堤の建設にかさ上げ工事。右手の山々はといえば、高台移転のための土地造成に、かさ上げの土砂の搬出に、木々が伐採され、山肌が切りくずされている。巨大にして広大な、まるでハリウッドのSF映画の一場面のような景色が、春の晴天の下に褐色をさらして続く。山なした瓦礫は消えたが、重機と土埃が被災の荒野を満たす。

幾度も通い慣れた道ではある。あの日の破壊のすさまじさ、瓦礫と化した人の暮らし、草茫々の更地に手向けられた花。一万人が犠牲となった宮城の海岸線の変貌を確かにこの目で見てきたが、そのどれもがふと我に返れば非情にして非常、そして異常な光景だった。新たに現出したこの広大な工事現場もまた異常な光景ではあるが、これが復興なのか、それとも復興と呼びながらの破壊なのか、俄に判断できなくて、目眩すら覚える。現場に立つたびに景色が変わり続けている。終わりは見えない。ここに人の暮らしが戻るまでに、私たちはまだまだ異常な光景を見る日々を送るのだろう。異常を日常とする日々が続くのだろう。

湊人くんが大人になるころ、この海辺はかつての日常だった平和とにぎわいを取り戻せているだろうか。たとえかつての日常とはどこか違っていたとしても、おだやかな海が暮らしがそこにあればそれでいい。初孫に会えなかった彼の無念を晴らすのは、きっとそんな海に違いない。東北被災三県に暮らす私たちの、四年を経ていまだ二三万人の避難生活者の、ささやかな希望がそこにある。この国は、その希望を叶えられるか。復興を成し遂げる決意が政治にあるか。そしてここ被災三県に暮らす私たちの覚悟もまた問われよう。私たちはここで子どもたちになにを繋げるか。一〇〇〇年にいちどと喧伝されたあの天変地異からたかだか四年しか経っていない。

三月末日、仙台の駅ビルで三七年にわたって続いた本屋さんが店を閉じた。午後九時、閉店時間に合わせて仙台の出版関係者や書店関係者、あるいは常連のみなさんが別れを惜しみに集まった。私はさいごに児童書を買った。湊人くんが読めるようになったら、彼にこの本を渡そう、湊人くんが大きくなってもこの本屋さんで本を選べはしないけれど、本を繋ぐことならできる、そう思った。

新しい命へ

生まれて一八日目の湊人くんへ。

きみは二〇一五年の三月一〇日に宮城県北の港町、気仙沼市で生まれた。あの日から四年が過ぎようとする一日前だ。きみのおじいちゃんが津波に呑まれて四年となる前の日でもある。

きみのお母さんと僕ら〈荒蝦夷〉が出会ったのは一〇年前。県立気仙沼高校の三年生で、文章が上手だった。県の高校文芸コンクールで優秀賞を受賞した。その縁で、仙台の学校に通うようになったお母さんはウチでアルバイトをすることになった。やがて気仙沼の実家のみなさんとも知り合って、お母さんの実家でごちそうになったり、おじいちゃんたちとお酒を呑んだりと、お母さんが塩竈市の福祉施設に就職してからもおつきあいは続いた。

そんなとき、東日本大震災が起きた。きみのおじいちゃんも犠牲となった。亡くなって二週間が経って見つかった。一緒に楽しくお酒を呑んだ人の遺体と対面して、僕は悔しくて堪らなかった。おじいちゃんといっても、僕と同年代だった。あまりの理不尽さに悲しみよりも怒りが込み上げてきた。

三年が過ぎて、きみのお父さんとお母さんは気仙沼で結婚式を挙げた。すごくいい結婚式だった。そして、きみが生まれた。……こんな話がある。被災地で子どもが生まれると、まわりのみんながうれしくなって、元気になれるんだ。同じ地域に暮らす誰かが、それもたくさんの誰かが亡くなる。そんなとき、ひとりの死は家族の悲劇ではすまなくて、親戚とか友だちとか仲間とか、あるいは地域の人たちとか、まわりのみんなの悲しみと溶け合った大きな悲しみとなる。そしてそんななかで子どもが生まれると、その誕生はまた、まわりのみんなの大きなよろこびとなるんだ。

だから、きみが生まれて僕らみんなものすごくうれしかった。きみが生まれたのがうれしかったのはもちろんなんだけど、それだけじゃなくて、きみを見ていると被災地に生きた僕らみんなの四年間がムダじゃなかったんだなって思えて、それがうれしいんだよ。うまくいえないけどね、そんな感じなんだ。

きみが大人になったころ、被災地は、東北はどうなっているだろうか。港は町は、そして海は山は平和におだやかになっているだろうか。いま、僕がこれを書いているのは四年目の三月だ。二三万人もの避難生活者がいる。どこもかしこも復興の途中で、とてつもなく広い工事現場が海に沿って六〇〇キロも続いている。原発も大変だ。ここできみはどんな景色を見ることになるのだろう。

困難な時代、困難な場所にきみは生まれた。だけど、だからこそ、きみこそが、きみたちこそが僕らの希望なんだ。「面倒くさいな、希望なんて勝手にかけてくれるなよ」で構わない。そりゃあそうだもんな。まあ、あんまり気にしないでほしい。余計な期待をかけられると、人生、つらくなるからね。きみはきみの道を生きればいい。それでもね、被災地の子どもたちよ、逞しくすこやかに——これこそが前に逝く僕たちの希望なんだよ。迷惑かもしれないけどさ、きみが生まれてみんながどんな気持ちになったか、少しでいいからおぼえておいてくれるとうれしいな。

それにしても「湊の人」っていい名前だね。おめでとう。

「ブックスみやぎ」の閉店

一九七八年から二〇一五年、三七年間といえば、充分に長い。一九七八年は「ザ・ベストテン」放送開始、キャンディーズ解散、成田空港開港、宮城県沖地震、八重洲ブックセンター開店、ガイアナ人民寺院事件、大平内閣発足、田宮二郎《たみやじろう》猟銃自殺……の年である。私は北海道は札幌市の高校生だった。一九八〇年、宮城県仙台市の東北学院大学へ。「ブックスみやぎ」との出会いにはっきりとした記憶はない。金港堂が、高山書店が、宝文堂が、アイエ書店があった。仙台駅前には協同書店と仙台書店があり、そしてなによりいまや伝説の八重洲書房があった。大学時代の本屋さんめぐりのなか、北海道への帰郷に、東京へ遊びに行くために、仙台駅はおなじみの場所だったから、仙台駅ビル「エスパル」の本屋さん「ブックスみやぎ」にも出会っていたはずだ。名前を挙げた本屋さんのうち、いまも店舗を構えるのは金港堂と「ブックスみやぎ」のみとなっていたのだが、その灯が遂に消えた。

東北新幹線開通を前に宮城県書店商業組合の共同出資によりオープン。仙台市内の高校を卒業してそれと同時に入社、店長としてさいごを見届けることになった柴修《しばおさむ》さんによると、一九八〇年の新幹線開通から業績を順調に伸ばし、仙台の玄関口の本屋さんとして存在感をアピールした。確かに東北新幹線の開通は仙台にとってひとつの祝祭だった。仙台駅は町の華やかさの核だった。既に仙台に暮らしていた私にも記憶がある。ただ、利便性は高まったとはいえ、仙台のリトル・トーキョー化に拍車がかかったのもこれがきっかけだった。やがてバブルもやって来た。

大学を卒業、東京で働いて一五年、仙台との縁も途切れがちになり、仙台駅もたまに利用するだけとなったが、二〇〇〇年に仙台に拠点を移して出版を生業としてからは「ブックスみやぎ」との繋がりが復活した。ウチの本もずいぶん並べていただき、ブックフェアもやっていただいた。だが、時代は変わっていた。本を購《あがな》う利便性は高まった。昔なじみの仙台の本屋さんが次々と消えた。全国区の大型書店が増え、本を購う利便性は高まった。学生のころはまだ地域格差があり、仙台でなかなか手に入らない本もあったが、もうそんなことはない。とはいえ、なじんだ空間としての本屋さんが消えて行くのはやはりさびしい。利便性を手にして、町の風情を失ったとでもいえばいいか。

三月三一日の閉店に立ち会わせてもらった。東北大学出版会の小林直之さんが「ブックスみやぎ」のみなさんへ感謝のことばを贈った。四月一〇日には河北新報出版センターの水戸智子さんの肝煎りによって、一四〇人もが集まったお別れパーティが市内のホテルで持たれた。すべてが終わったある日、残務処理にあたる柴さんと昼食がてら駅前を歩いた。「駅には入っていたけれど、ウチは結局、町の本屋さんだったんだよ」と「ブックスみやぎ」と、そして仙台駅とともに三七年を過ごした柴さんは語る。私たちはほぼ同世代として仙台駅前の変遷を見てきた。柴さんは一九七八年の宮城県沖地震も、二〇一一年の東日本大震災も「ブックスみやぎ」で揺られた。歩きながら、あそこにも本屋さんがあった、映画館やレコード屋さんも消えちゃったね、あのころの駅前を思えば、なんだか夢のようだねえ……と、オヤジふたりの繰りごとである。

仙台駅「エスパル」から本屋さんが消えるわけではない。既に「くまざわ書店」がオープンしている。駅と本の新たな日々がこれから刻まれていく。かつての柴さんや私と同年代の現在の若者たちは、そう、たとえば三〇年後、どのような仙台駅を、仙台駅前の光景を目にすることになるのだろうか。

被災地を生きる作家――熊谷達也

熊谷達也『調律師』文春文庫解説

熊谷達也は宮城県に生まれ育ち、東日本大震災を経たいまも仙台市に暮らし続ける作家である。以前、私が書いた原稿を引かせていただく。

熊谷さんと初めて沿岸被災地に入ったのは、四月一日だった。あの日からまだ一か月も経っていなかった。向かったのは甚大な被害に見舞われた宮城県気仙沼市。熊谷さんはかつてこの港町に中学校教諭として暮らした。私たち〈荒蝦夷〉が発行する雑誌『仙台学』に東日本大震災に関する原稿をお願いしていた。熊谷さんに、気仙沼を書いて欲しかった。まずは、現地へ。それがこの日だった。

クルマに積み込んだ支援物資を熊谷さんのかつての同僚が勤務する気仙沼市郊外の中学校に届けた。もちろん学校も平時の状態ではない。避難所である。熊谷さんの昔の仲間のひとりは、あの夜、津波に呑み込まれながら助けられて学校に運び込まれた人たちが次の朝には冷たくなっていた、その衝撃を語ってくれた。高台の学校から海を見やりながら、遥か遠くの海面がどれだけ高く盛り上がり、どれだけの速さで押し寄せてきたかを語ってくれたのは校長先生である。家族を仙台に退避させながら避難所と化した学校を運営していた彼の家は津波に押し流されていた。

気仙沼市内に入る。腐敗臭がまるで見えないドームのように空を覆って、息が詰まりそうだった。水産加工場や魚市場など、津波に破壊された施設に保管されていた魚介類がいたるところに散乱して、腐り始めていた。鼻腔の奥に腐った魚のにおいがこびりつく。ニュースは、腐敗した魚介類を船積みして沖合に投棄する作業が始まったと報じていた。海を間近に見下ろす中学校。熊谷さんがかつて勤務したこの学校も避難所である。校庭にはぎっしりと自衛隊の車両に被災者が暮らすテント。校庭の木々に渡されたロープには、被災者の洗濯物がはためいていた。

高台から徒歩で市内へと下りた。津波に舐め尽くされた町は、まるで空爆でも受けたかのようだった。被害のひどかった地域は自衛隊に封鎖されていて立ち入り禁止。遺体捜索も続いていた。熊谷さんとふたり、そんな気仙沼を黙々と歩いた。話すことなどなにもなかった。熊谷さんは口元をきつく引き結んだままだった。ふと人気のない水産加工会社の前に立ち止まると「ここ、教え子の会社だ。家業を継いだんだけど、無事だったかな」と呟く。家族や友人知人との連絡も覚束ない日々。確かめる術もない。熊谷さんと私の共通の知人である若い女性を内陸の家にたずねた。津波から二週間後に発見された彼女のお父さんの遺影に手を合わせて、仙台への帰途に着いた。沿岸から内陸に入った山道で、熊谷さんの運転は荒れた。怒りと悲しみがアクセルを踏ませ、ハンドルを切らせていたに違いない。——新潮社『波』二〇一三年三月号

二〇一一年三月一一日の本震に続き、仙台がマグニチュード七・四、震度六強の最大余震に見舞われたのは四月七日である。いまから思えば、四月一日といえば「震災

直後」といっていい。そんな日々に書き継がれていたのが本書『調律師』だった。かつてピアニストとして活躍しながら、事故により妻を亡くして、いまはピアノの調律師を生業に生きる主人公・鳴瀬玲司は、音に香りを感じる共感覚「嗅聴」の持ち主である。この鳴瀬をめぐる人々のドラマが本書と、まずはご紹介できよう。

初出を確かめれば第一話「少女のワルツ」が『オール讀物』に発表されたのが二〇一〇年八月号、第二話「若き喜びの歌」が同一二月号。二〇一一年八月号掲載の第三話「朝日のようにやわらかに」以降の五話が東日本大震災後の執筆となると見ていいだろう。

第四話「厳格で自由な無言歌集」(同一一月号)、第五話「ハイブリッドのアリア」(二〇一二年四月号)と、第三話に続いて物語はおそらくは最初からの構想の通りに進む。それが、第六話「超絶なる鐘のロンド」(同八月号)に至って、突如として物語は転調して、最終話「幻想と別れのエチュード」(同一一月号)を迎える。

東日本大震災をはさんで二年間にわたる執筆だったわけだが、最終二話の転調は、まさにそれ故だった。「超絶なる鐘のロンド」で仙台にピアノの調律に出かけた鳴瀬が東日本大震災に遭遇して、最終話「幻想と別れのエチュード」へと続くのだが、この物語の転調に戸惑った読者も多いだろう。なにもこの物語に〈震災〉は要らなかったはずである。当たり前のことながら、最初の構想段階では東日本大震災は発生していなかった。おそらく〈震災〉と関係なく、構想通りに物語を終えることもできたに違いない。だが、作家はそうはしなかった。『調律師』執筆中の二〇一一年八月に私が担当したある雑誌の熊谷さんへのインタビュー記事を引く。

沿岸地域を歩いた。かつて教師として壊滅が報じられた気仙沼市に暮らした。見知った町並みと、目の前の惨状が重ならない。知っていたはずの町が見知らぬ被災地と化していた。言葉をなくした。言葉の力を信じられなくなった。小説が書けなくなった。

「アマチュア時代も含めて、小説を書くのがこんなに大変だと感じさせられたのは初めてですね。自分の小説のなかに入り込めない。現実を前に、小説の世界はあまりにちっぽけです。小説なんか書いても意味がない。正直、そう思いました。人間は自分の行為になんらかの意味があると思えるから続けられる。それが無意味かもしれないと感じてしまったら、なかなか続けられるものではありません」

それでも書き続けた。震災のせいで書けなくなったと思われるのが嫌だった。被災地に生きる作家の、意地なのかもしれない。また、書けば、書けてしまう。染みついた小説家としての技がそうさせる。そんな自分にさらに腹が立った。小説家廃業まで考えたが、書き続ける、その決意がやがて生まれた。——メディアフ

アクトリー『ダ・ヴィンチ』二〇一一年八月号

まさしく本書執筆中の熊谷さんのことばである。「小説家廃業」まで口にしていたが、あのころ、熊谷さんが半ば本気でそれを考えているのを私は感じていた。熊谷さんは、いらだち、怒り、悲しんでいた。熊谷さんだけではない、おそらくは私も、あるいは被災地に暮らすみなが、そうだった。そして、熊谷さんに書き続ける決意が生まれて、『調律師』は転調した。

被災地に暮らす私たちは、あの二時四六分を境に、みな「自分はここでなにを為すべきなのか」を突きつけられた。家族を家を失って生き延びた人たちは、これからのためにを、幸いに家族も家も無事だった人たちは地域のために「なにを為すべきなのか」を。ありとあらゆる職業人が、生活や日常の再建と格闘しながら、自らの仕事を顧みて、いま「なにを為すべきなのか」を自らに問わざるを得なかった。

飲食業者は食料を沿岸被災地に運び、葬祭業者は遺体の埋葬に奔走し、クリーニング業者は泥まみれになった衣服の再生にあたった。散髪業者は避難所や仮設住宅をまわり、建設業者は行政から依頼されるよりも早く手持ちの重機で瓦礫の撤去に取りかかった。ボランティアとして現地の手となり足となるのを「為すべきこと」とした人たちがいた。己が日常を守り通すのを「為すべきこと」とした人たちがいた。いまここで「なにを為すべきなのか」を胸に、みなさまざまに動いた。

作家とて、私たち地域の出版社とて同じだった。ただ、あの惨状のなか、物語を紡ぎ、頁を編む私たちはあまりに無力だった。遺体捜索が瓦礫の撤去が果てもないかのように続いたこの地で、同じ地域に暮らす、それも友人知人や親族を含むあまたの被災者が避難生活を送るこの地で、小説や本になにが為せるのか。私たちの場合は、幸いにも立ち上がりは早かった。為すべきは「被災地からの発信」であると早々に観念できたからである。

熊谷さんはどうだったか。作家が自らの体験を咀嚼して小説とするには、やはり時間が要った。その時間が『調律師』に凝縮されているように、私には思える。震災前に作家が思い描いた物語が、震災を経た作家の苦悩をよそになにごともなかったかのように続き、一見すれば唐突にも思われる転調を果たす。だが、これこそ、作家があのとき書かざるを得なかった転調だった。断裂であり、断絶だった。ある意味で、『調律師』は被災地を生きる作家・熊谷達也の、二年間にわたる内面のドキュメントとも読める。

作品のまとまりとして見れば、転調は瑕疵にも見える。もちろん、そうではあるだろう。だが、この瑕疵こそが、作品に刻印された傷跡こそが『調律師』の「聖痕」となった。被災地の熊谷作品の読者は、この聖痕にこそ深く共感した。あの日々にあって、被災地に生まれ育った作家が、なにごともなかったかのようにきれいにまとまった作品を淡々と書いていたならば、被災地の読者の共感は得られなかったのではないだろうか。被災地の読者は、同じ地を生きる作家の〈再生〉へのメッセージを確かに受け止めた。

熊谷さんには『調律師』と同時期に書き続けていた二作の小説がある。『光降る丘』（角川書店刊。『家の光』二〇〇九年五月号から二〇一二年四月号に連載）と『烈風のレクイエム』（新潮社刊。『小説新潮』二〇一一年九月号から二〇一二年一二月号に連載）だ。前者のテーマは、なんと「自然災害と人間」だった。二〇〇八年の岩手・宮城内陸地震で壊滅的被害を受けた宮城県栗原市耕英地区をモデルとした戦後開拓と被災壊滅、そこからの再生の物語だが、熊谷さんは眼前の東日本大震災の被災を見ながら、三年前の被災を描き続けたことになる。『烈風のレクイエム』は、北海道函館市を舞台に、一九三四年の函館大火、一九四五年の函館空襲、一九五四年の青函連絡船洞爺丸遭難事故を背景として、北の海に生きる男の半生を重厚に描く。これもまた、天災と人災におびやかされる人々の被災の物語だった。

東日本大震災を挟んで書き続けたこの三作の〈被災小説〉を序曲に、熊谷さんは〈仙河海〉シリーズに着手する。〈仙河海〉は宮城県の架空の海辺の港町だが、モデルは熊谷さんがかつて暮らした気仙沼である。第一作は一九九〇年代の仙河海の教師と教え子たちの物語『リアスの子』（光文社）。続いて仙河海を舞台とした恋愛小説『微睡みの海』（角川書店）、仙河海の高校生バンドの物語『ティーンズ・エッジ・ロックンロール』（実業之日本社）、仙台で被災した主人公が仙河海に帰郷する『潮の音、空の青、海の詩』（ＮＨＫ出版）と、合わせて四作が刊行されているが、更に複数の作品がさまざまに文芸誌に連載中だ。

戦前の仙河海の漁師の物語から、東日本大震災を挟んで未来の仙河海まで、架空の港町に宮城の海辺の物語が続く。津波と地震に触れたものもあれば、なにごともなかった平和なころの海辺の物語もあるが、やがてすべては「あの日」へと収斂する。更地と化した私たちのあの海辺に、どのような歴史があり、どのような人々のどのような日常があったのか。それぞれは独立した作品でありながら、まるで大河小説のように、熊谷さんは悠々と書き進める。シリーズの終わりは見えない。

さきほど引用した二〇一一年八月のインタビューで、熊谷さんは語っていた。

「いつか僕は今回の震災を書くだろうな、と。簡単じゃない、いつになるかもわからない。具体的にどうしようかとか、そんな話でもない。だけど、そう、死ぬまでにはきっと書く。その確信だけはある。自分が体験したこの震災を小説として書けるようになるその日まで、とにかく書き続けようと思います」

そのひとつの成果に、いま私たちは接している。

やはり仙台在住の私小説作家・佐伯一麦さんの作品に『還れぬ家』（新潮文庫）がある。『調律師』と同じく、その転調が深く胸に響く一冊である。父親の介護の日々を描いて文芸誌に連載中に「あの日」がやって来た。作品世界が、まるで一冊の本に亀裂でも入ったかのように突如として変化する。ここにもまた、転調が、断裂と断絶がある。そして、そのことこそが、仙台に暮らす生活者としての作家が受けた衝撃を思わせてくれる。その生々しい傷跡こそがあの日を伝えて、この作品も被災地の読者の共感を呼んだ。

福島には福島の、岩手には岩手の、そして宮城には宮城の、あの日からの苦闘と苦悩がいまもある。熊谷さんと佐伯さんだけに留まらず、被災地に暮らすひとりの生活者でもある作家たちの作品には、確信的にであれ、知らず知らずにであれ、あの日からのそれぞれの苦闘と苦悩が刻み込まれている。

たとえば東日本大震災を逆に「書かない」と宣言した仙台在住作家に伊坂幸太郎さんがいる。だが、その決断にこそ伊坂さんのあの日々への思いがある。伊坂さんもまた「あの日」を境に「なにを為すべきか」の決断を迫られた、被災地の生活者のひとりだった。我田引水めくが、伊坂さんの決断に関しては、私たち〈荒蝦夷〉が二〇一二年二月に出させていただいたエッセイ集『仙台ぐらし』（現在は集英社文庫）をご覧いただきたい。

いずれにしても、詰まるところ〈震災文学〉とはなにも直に震災にまつわることどもをテーマとした作品のみの謂《いい》ではないのだろう。少なくとも、被災地を生きる作家たちの作品の場合、あの日からの確かな記憶は語られぬ行間にこそある。読者にそこに思いを致していただければと願う。

更にいえば、それは「来るべき日」への想像力にも繋がりはしないか。首都直下型でもいい、東南海でもいい、次なる〈被災〉の日がやって来たとき、そこに暮らす作家たちの作品になにが起こるか、読者はどう受け止めるか。そして、これら作品は、読者たる未来の被災地の職業人すべてがなにを為すべきなのかを想像するよすがになりはしないか。

「あの日」を経て再生を果たした鳴瀬が、いまどうしているのかが気にかかる。ピアノと人を癒しながら、被災地の旅を続ける鳴瀬の幻が見える。

仙台の異邦人——ネパール大地震

四月二五日は東北学院大学災害ボランティアステーション所長の郭基煥同大経済学部教授と宮城県石巻市にいた。ワカメ加工場のボランティアに向かう学生四人を同市郊外牡鹿半島の給分浜《きゅうぶんはま》に降ろして、市内に戻る。在日コリアンや、結婚などで来日したいわゆるニューカマーのコリアンの被災体験の聞き取りを行なう郭教授と市内をまわった。自然の猛威はそこに暮らす者たちの国籍など問わずに荒れ狂う。夜はすべてを流されて仮設住宅にひとり暮らす八〇歳の在日コリアンのおじいちゃんと石巻駐在の新聞記者とともに一杯。深夜、ホテルに入る。この日、ネパールが揺れた。

二六日も石巻に。甚大な被害を受けていまも無人の長面《ながつら》地区で、漁業者たちが設けた集会所カフェに立ち寄った。コーヒーを頼んだだけなのに、浜のおかみさんたちがカキのガーリック焼きやカキのスパゲティをふるまってくれた。晴天の下、四年を過ぎてあまりにも美しい長面浦の景色をながめながら、朝刊で見たヒマラヤの雪崩のニュースが脳裏を過る。彼の地ではいまなにが起きているのか。給分浜で学生たちを拾って、仙台に戻ったのは夜だった。

ネパールの大地震が気にかかったのには理由があった。「仙台のネパール人」アリアル・サンジブさんの存在である。二〇〇六年夏に刊行した私たちの『仙台学』三号は特集を「異邦人たちの仙台」とした。明治維新以来、仙台の歴史に足跡を刻んだ有名無名の外国人たち――宣教師、占領軍兵士、留学生、労働者――と、それを受け入れた仙台人たち。そして、いまここに暮らす外国人たちの声を集めて、彼ら彼女たちから見た仙台を、当たり前にここに暮らす私たちとは違った視点からの都市の姿を誌面に求めた。ご登場いただいたひとりがサンジブさんだった……アリアルさんと呼ぶべきなのかもしれないが、いつものようにサンジブさんと呼ばせていただく。

サンジブさんは現在五八歳。ネパールのダディン村で生まれ、一六歳でカトマンズへ。働きながら高校から大学に進んで公務員に、続いて旅行会社に勤務。日本人観光客のガイドを引き受けるうち、縁あって日本の女性と結婚。仙台移住を決めたのは三十余年前だった。語学学校の教師として働き、やがてネパール雑貨の輸入販売をはじめた。ネパールに縫製工場を設け、日本で販売した。二〇〇五年、仙台駅東口近くにネパール料理店「カトマンドゥ」をオープン。やがてＮＰＯ法人「日本・ネパール文化交流倶楽部」を設立。教育の機会に恵まれないネパールの子どもたちへの就学支援に乗り出した。日本で就学資金を集め、ネパールに送る。日本の支援者たちを現地へ案内する。そんな活動を続けた。サンジブさんとはあの三月一一日以後、会っていなかった。私が知る唯一の「仙台のネパール人」サンジブさんはいまどうしているのか。

なにを思うのか。

石巻から仙台に戻った次の夜、サンジブさんを「カトマンドゥ」にたずねた。状況が状況だけにやっているのかどうか不明だったが「カトマンドゥ」は開いていた。お見舞いを渡して、まずはあの日以来の近況を聞く。仙台市近郊のサンジブさんの家は半壊。生活を建て直しながら、全国のＮＰＯ会員から送られた支援物資を運んで沿岸被災地の炊き出しに奔走した。そして四年目の三月一一日を迎え、今度は故郷ネパールが大地震に襲われた。カトマンズに暮らす家族の無事は確認できたが、故郷の村の親戚や友人、就学支援に取り組んできた子どもたちの安否はわからない。そう語るサンジブさんの顔に、隠し切れない焦燥があった。サンジブさんら「仙台のネパール人」にとって、四年が過ぎて再びの被災である。

「日本はあれだけ対策を練っていたのに、すごいことになっちゃったじゃない。ああ、あんなに備えていてもこんなになっちゃうんだって思ったよ。ネパールは地震対策なんてほとんどしていない。どうなっちゃうんだろう。ちょっとドライかもしれないけどね、僕は犠牲者を哀しむより、生き残った人たちをなんとか助けたい。東北だってそうじゃないですか。四年も経ったのにまだまだ大変な人たちがたくさんいる。ネパールもこれからが大変だ。亡くなった人たちはもちろん気の毒だけど、悲しいけれど、僕らは生き残った人たちの三年、四年、五年、一〇年後に向けた支援を考えなくちゃいけない。これ、僕が東北の被災地で学んだことだ」

連想と想像がある。ヒマラヤの雪崩に巻き込まれた欧米人の生還者がCNNで「まるで雪の津波だった」と語っていた。「津波にやられたかのようだ」と現地被災者の声が新聞にあった。一日、二日、三日……現地からの報道に、東北の被災者は四年前の自らのその日を思った。あの日々の私たちと、報道で知るネパールの人たちが重なって止まない。私たちがあの日々に感じたたとえば孤立、恐怖、焦燥、絶望、怒り、悲しみ、希望、諦念。社会や自然の環境が違っても、そこに生きるネパールの人たちはいま、あの日々の私たちと同様に、日常を断ち切られた被災者としての感情に揺さぶられているはずだ。連想と想像に胸が軋む。新聞をテレビを見るたびに、胸がざわめく。乗り越えてと祈る。そして、サンジブさんら仙台の、東北の、日本のネパールの人たちに、あなたたちは孤立していないと伝えたい。あの日々の東北を生きた私たちがそれを知ったときの、なんともいいようのない安堵にも似た感情を思い出しながら。宮城県だけでなく東北被災三県各地でネパール支援の動きが拡がっている。

仙石線の全線開通

JR仙台駅に近接した仙石線あおば通駅午前八時一三分発の列車に乗り込んだのは

六月一日月曜日のことだった。仙台と石巻を結ぶJR仙石線は、二〇一一年三月一一日に津波に呑まれ、全線四九キロ全三一駅のうち被災区間三九・九キロ、冠水・流失九駅、被災列車二列車八両とデータにある。各所の線路が寸断、徐々に開通区間を延ばしてきたが、いよいよ全線が結ばれたのは五月三〇日の土曜日。祝賀ムードにお祭り騒ぎの週末を経て、今日が最初の月曜日である。全線開通のお祭りに参加しようかとも思ったのだが、全国から集まった鉄道ファンの熱気にアテられたとでもいおうか、ちょっと遠慮して、開通初の平日に、列車に乗ってみた。

通勤客・通学客とともに乗り込んで、各駅停車でのんびりと仙台郊外を過ぎれば、塩竈市で海に出る。かつて造船所や工場が並んでいた、いまは茶色の更地が目に痛い。夏を思わせる青空の下、田植えの終わった田んぼに白鷺を見れば、この町にはあの取材に、この町にはあの人がと記憶が胸によみがえる。単線である。上り下りの列車のすれ違いに海の間近の駅に停まる。ホームに降りると線路のすぐ脇に私の背丈よりも高いほどのま新しい防潮堤。海は見えずとも潮の音と香りが心地よい。右手遥かを見やれば、日本三景・松島を越えて塩竈の町に残雪の蔵王、左手にはあのころ残骸を縫って走った国道が更地に延びていた。防潮堤の工事現場で作業員が腕組みして電車の発車を見送る。開通は週末だった。ここを電車が通るのを、平日の今日、彼ははじめて見るのかもしれない。

高城町駅を過ぎてしばし、線路は山へ。高城町駅から陸前小野駅まで一〇・五キロの区間がさいごに繋がって、仙石線全線開通となったのだが、乗務員がそれを車内アナウンスで告げる声が喜ばしげで誇らしげなのに、こちらの頬も緩む。とはいえ、あの日、津波に呑まれたエリアである。沿線東松島市の犠牲者は一一〇九人を数える。車内の掲示に目をやれば「津波警報が発表された場合のお願い」「津波警報発表時に車外へ出る場合　お子さまや介助の必要なお客さまへのご協力をお願いいたします」とあった。

新しい線路は海岸線を避け、町の背後の山を切りくずして延びる。海近くの平地にあった東名駅は、標高六〇〇メートルの高台に移転。造成中の広大な土地にはやがてニュータウンが現れるのだろうが、いまは広野にぽつんと駅舎、そして重機と作業員。山の切れ間から眼下遠くに海が、そして平らかな地面となったかつての町が見下ろせた。ここを、この山を目ざして、あの日、みんなは走った。

高台の野蒜駅から線路は高架に。あの日まで線路があった眼下を見下ろして、水を湛えた水田の宙を行く。津波が遡った鳴瀬川を渡って平野へ。仮設住宅に復興公営住宅、造成中の町に新築の家々、田んぼとニュータウンと茶色の更地が線路の両脇に続く。やがて列車は石巻駅に入った。あおば通駅を出ておよそ一時間三〇分が経っていた（東北本線と仙石線を繋いで同時に開通した仙石東北ラインを使えば最速五二分）。

仙石線で仙台から石巻に向かったのは二〇一一年二月一四日以来である。この日、石巻支局長をさいごに退職された朝日新聞の高成田享さん（現在は仙台大学教授）のお別れパーティが石巻グランドホテルであった。私たちはこの年、高成田さんとお仲間の記者のみなさんによる『話のさかな　コラムで読む三陸さかな歳時記』を出させていただいていた。パーティに同席したかやぶき建築で知られる有限会社熊《くま》谷《がい》秋雄《あきお》さんと夜の石巻でさらに一杯。一〇時過ぎの最終電車で仙台に帰った。いまや震災直前の楽しかりし日々である。それから一か月も経たずにあの日がやって来た。

以来、四年二か月、仙台圏の交通の大動脈は寸断が続いた。仙台側から、石巻側から、徐々に鉄路は復旧したものの、不通区間は代行バスに乗り継ぐ。あるいは、クルマを、高速バスを利用する。通勤・通学の不便さに、仙台・石巻互いに引っ越したり住まいを借りた人も多い。高速バスもいいものだと漏らす人もいるにはいたが、途中までしか繋がっていない鉄道はやはりさびしくて悲しい。不便さをいえば、たとえば東京ならばJR中央線の国分寺・立川間あたりが四年以上も不通になったらとご想像いただきたい。それがやっと結ばれて、祝賀ムードもにぎやかな週末となった。

列車を降りて、駅の喫茶店でモーニングを頼む。あの日の以前、石巻駅に降り立つといつもここで一服してから目的地へ向かった。クルマやバスだと駅に立ち寄る機会もなく、思えばここでコーヒーを飲むのもおそらくはあの二月一四日以来のことだ。

この四月に仙台から着任した古関良行河北新報石巻総局長と町へ。取材相手となりそうな人をご紹介いただいて、いつもの宝来寿司へ。北上川河口近くにあった旧宝来寿司は津波に流され、駅に近いここは再出発の場である。極上の寿司をつまんで、再び仙石線に乗り込み仙台に戻った。車窓からの風景の変貌に、思いは複雑に屈折はするものの、電車で行って、電車で帰る、その日常が取りあえず戻って来た。平日の晴れた日中、乗客もまばらな車内に、どこかほっとなごんだ空気が流れていた。

復興の行く手になにがあるのか。そもそもなにをもって「復興」と呼べばいいのか。被災地の、被災者の葛藤は続くが、電車が通った、そのささやかな日常の回復の積み重ねこそが復興への確かな道と、まずはそう信じたい。

ネパールと東北

「仙台のネパール人」アリアル・サンジブさんは、日本人女性と結婚して仙台在住三十年余り、仙台駅東口近くでネパール料理レストラン「カトマンドゥ」を経営しながら、NPO法人「日本・ネパール文化交流倶楽部」を設立、学校に通えないネパールの子どもたちの就学支援に取り組んできた。東日本大震災では炊き出しなど沿岸被災地の支援にも奔走した。

そして、四月二五日、ネパール大地震。サンジブさんは故郷の被災地支援に取りかかったわけだが、宮城県ではサンジブさんら在住ネパール人（およそ六〇〇名）を通じての支援の動きが広がっている。サンジブさんのように仙台に暮らしてレストランなどを経営するネパール人もいれば、留学生もいる。レストランには募金箱が設置され、留学生らによる街頭募金も始まった。

メディアも動いた。河北新報や全国紙の宮城県版からサンジブさん関係の記事の見出しを拾ってみる。「〈ネパール地震〉「連絡つかず心配」安否気遣う」（河北新報四月二七日）、「〈ネパール地震〉被災者支援を　仙台のNPOが寄付呼びかけ」（毎日新聞四月二七日）、「故郷の村情報ない　ネパール地震、NPO義援金募る」（朝日新聞四月二八日）、「故郷を襲った大地震「日本人なら分かってくれる」　ネパール出身男性が支援呼びかけ」（毎日新聞四月二九日）、「「センダイジシンに学べ」ネパールで合言葉に　アリアルさんが母国の現状講演」（毎日新聞五月二二日）。「〈ネパール地震〉東北学院大学生ら義援金」（河北新報五月二三日）。NHK仙台のテレビやラジオ、エフエム仙台もサンジブさんらによるネパール被災地支援の動きを伝えた。

ネパールではいまなにが求められているのか、仙台ではなかなか摑めない。気候風土も被災状況も東北被災地とは違うのだからなおさらである。支援する側と支援される側の、いわばミスマッチは、四年余り前、私たち東北被災地の人間が我がこととして体験したところでもある。物資を運ぶにしてもネパールは遠いとなれば、まずは義援金ではあるのだが、東北被災地の被災体験者は顔の見える支援にこだわったように思える。ネパールに支援を届けるならば、この東北に暮らしてあの震災を体験した同じ被災者としての在住ネパール人にあずけたい……と。

東北学院大学災害ボランティアステーションも動いた。学生たちが募金活動を繰り広げ、それをサンジブさんに託した。同ステーションでは大学にサンジブさんを招いてのネパールの過去と現在のレクチャーを経て、義援金を手渡した。サンジブさんは「モノを持って行ってもあっちでは役に立たないことだってある。それならなんにでも使える、なんにでも換えられるお金がいちばん助かるはずだ」と語って、六月に入って間もなく、ネパールに飛んだ。

同大でサンジブさんとの連携を進めたのは、郭基煥経済学部社会共生学科教授である。郭教授は愛知県生まれの在日コリアン三世。早稲田大学を経て韓国・高麗《コリヨ》大学へ。帰国して名古屋大学大学院国際開発研究科で国際コミュニケーションを、そして多文化共生をテーマとして社会学を専攻。二〇〇九年から東北学院大学に籍を置き、東日本大震災では学生ボランティアを率いて被災地支援に奔走した。現在は同大災害ボランティアステーション所長を務める。

郭教授と私たちの出会いはまずは同大の『震災学』の編集刊行を私たち〈荒蝦夷〉

が担当している関係からとなるが、ほかにもともに続けて来たプロジェクトがある。赤坂憲雄学習院大学教授を代表に、公益財団法人韓昌祐・哲文化財団の助成を受けて実施された「東日本大震災在日コリアン被災体験聞き書き調査」プロジェクトである。郭教授をはじめ、研究者、ジャーナリスト、フリーライターなど一三人のメンバーが、あの日を体験した在日コリアン（結婚・就職・留学などで来日したいわゆるニューカマーも含む）の声を聞いた。私も参加して、郭教授とともに沿岸被災地を歩いた。

異国で、異文化で大災害に見舞われる。そこには私たち東北に暮らす日本人が体験したあの日々と異なるところがあり、また、どんなに生活の背景が違ったにせよ大自然の驚異に直面した生き物としての人間に共通する感慨があった。聞き書きの成果を『異郷被災　東北で暮らすコリアンにとっての3・11　東日本大震災在日コリアン被災体験聞き書き調査から』としてまとめた。仙台で七月に開催される「日韓地方紙フォーラム」（河北新報社／公益財団法人韓昌祐・哲文化財団主催）に合わせて、私たち〈荒蝦夷〉からの刊行である。

異国で、異文化で被災する。異国で、異文化で災害を体験して、さらに故郷の被災を想う。私たちとて、いついかなる状況で異国・異文化に滞在中に大災害に遭遇しないとも限らない。国境や地域を越えて、自然災害を考える、被災を想像する、被災者を支える。これもまた、東北被災地からの発信のひとつなのかもしれない。

サンジブさんが二週間余りのネパール滞在を終えて仙台に帰って来た。東北学院大学で、その報告会が予定されている。サンジブさんはこの秋には仙台からネパールへの支援ツアーも企画、息の長い支援に向けて動き出す。それが大切なのは、東北被災地に暮らすみなが知っている。

死者と生者の夏

死者を迎え、死者を送る八月である。

私たちには例年の〈みちのく怪談〉の季節でもある。柳田國男『遠野物語』刊行一〇〇年の二〇一〇年にスタートして、東日本大震災を挟んで続く〈みちのく怪談〉だが、二万人もの関連死を含む死者と行方不明者が、そしてその家族・親族・友人・知人がともに生きる東北被災地にとっては「怪談」といっても、暑い夜を涼しくどころではなく、「怪談」を聞きながら語りながら、ここではないどこかにきっといるあの人に思いを馳せる、そんな夏となる。

宮城・山形在住の怪談作家のみなさん——黒木あるじ、郷内心瞳《ごうないしんどう》、小田《おだ》イ輔《すけ》、崩木十弐、須藤茜《すどうあかね》、根多加良、鷲羽大介——による怪談会が戸田書店山形店と喜久屋書店仙台店、八文字屋書店仙台店で予定されている。怪談会は例年のイベントだが、今年は加えてテレビでも〈みちのく怪談〉が紹介された。ＮＨＫ　ＢＳプレミアムの『禁断のホラーミステリー　怪異ＴＶ』である。日本各地で起こる怪事件に、架空の番組「怪異ＴＶ」のスタッフたちが挑む（番組ＨＰ）……そんな番組なのだが、その第三回で「被災地で語られる怪談」として〈みちのく怪談〉が取り上げられた。私たちの『みちのく怪談コンテスト傑作選２０１１』からの朗読もある。

「海辺の図書館」庄子隆弘さんとともに取材を受け、スタッフのみなさんを沿岸被災地にご案内した。その過程で、被災住民の女性から実際に怪異譚を聞いた。津波にすべてを流された家の残骸を整理していたら、雨が降ってきた。近くの瓦礫のなかに、どこから流されてきたのか女性持ちのカラフルなパラソルがあった。パラソルを借りて仮設住宅に帰った。夜、金縛りにあった。目も開けられなかった。はじめての経験だった。次の夜、再び金縛り。がんばって目を開けた。伸しかかるように髪の長い女がいた。目が合って、気が遠くなった。二日連続の金縛りに「あのパラソル」と思い至り、拾い上げた場所にパラソルを返した。「ごめんね、あなたが大切にしていたパラソルだったのね、返すわね」と。以来、金縛りはない。片づけられたのか、どこかに飛んで行ったのか、パラソルもいつの間にか消えた。……あの日が過ぎて、被災地のそこかしこであまた語られる怪異譚の、この夏に聞いた物語である。実話なのか、ほんとうに幽霊だったのかは問わない。夢であれ、あるいは想像力の為せる業であれ、さまざまに死者と生者の交流は続く。

今年は「戦争法案」の暗い影のためか、あるいは敗戦節目の年のためか、戦争の惨禍を振り返るテレビ番組や新聞紙面、雑誌の特集などが例年以上に目を惹いた。焦土と化したかつての映像の向こうに、あるいは体験を語る声の向こうに、東北被災地の私たちは五年前の我が町を、我が町のあの人の声を知らず知らずに重ねた。かつての「壊滅」と現在の「壊滅」の二重像を幻視して、胸締めつけられながら共感を覚えた人たちも多いに違いない。

戦争であれ、災害であれ、大量死の犠牲者に対して、生き残った者はなにができるか。おそらくは鎮めるしかできない。あんな惨状をもう見たくない、二度と繰り返したくない、繰り返させないと祈りながら死者の霊を鎮める。実はこれは生き残った者が自らの胸の裡を鎮める行為とまっすぐに繋がる。パラソルを返す、そのささやかな行為が、死者と生者をともに鎮めたように。さまざまに死者と生者の交流が、そして鎮魂の祈りが交錯した二〇一五年被災地の夏である。

地下鉄に乗って

地下鉄に乗った。

一二月六日に開通した仙台市地下鉄東西線である。週末休日一日乗車券六二〇円也。私の住む北仙台から地下鉄南北線に乗って仙台駅で東西線に乗り換える。新しいピカピカの乗り換え連絡通路に入ると、新築の建物のあの独特な空気感に頰が緩む。まずは山側へ向かった。青葉通一番町、大町西公園、国際センター、川内《かわうち》、青葉山、終着は八木山《やぎやま》動物公園。クリスマス・イブを前にした休日とあって、動物園や近くの遊園地に行くのだろう、車内は家族連れやカップルでにぎわっている。

地下鉄は広瀬川を渡る。冬枯れではあるが、いままで見たことのない場所で、上からの広瀬川の景色を見下ろす。線路はもういちど地上に出て、今度はちらりと青葉山に刻まれた竜の口渓谷が見下ろせた。

八木山動物公園駅で下車、地上に出ると仙台平野が家並みの下に一望できる。あいにくの曇天ではあったけれど、晴れていれば海まで見えるだろう。地下鉄に乗って「平野を海を一望に見下ろす」とは奇異にも感じるが、それもそのはず、この東西線、青葉城址のある青葉山の地下を上って、終点の八木山動物公園駅は日本一標高の高い地下鉄駅で、標高は一三六・四メートルだそうな。青葉山は東北大学のキャンパスでもある。学生たちの山登り通学も楽になるのか。

家族連れやカップルに遠慮して、すぐさま折り返そうと思ったのだが、私のようなひとりぶらりの乗客がほかにもちらほらいた。カメラ片手に電車やホームや駅構内をパチリパチリとしきりに撮る。鉄道ファンの存在は知っていたが、地下鉄ファンもいるのだろう。

ふたたび地下鉄に乗り込んで、青葉通一番町で下車、いつもの喫茶「エビアン」でナポリタンを食べて、金港堂本店とあゆみBOOKS仙台青葉通り店に立ち寄る。地下鉄が通って「人の動きが変わったのね、お客さまが増えた。それもみなさん本を買ってくれるの。東西線の沿線、あまり本屋さんがないから、みんなここまで買いに来てくれるんじゃないかしら」「クリスマスに年末年始ですからね、そのせいもあるかもしれませんが、確かにお客さまは増えています」。出版不況の世にあって、地下鉄効果、まずは善哉である。

仙台駅を乗り越して、海側へ。宮城野通《みやぎのどおり》、連坊《れんぼう》、薬師堂《やくしどう》、卸町《おろしまち》、六丁の目、そして終着は荒井《あらい》。連坊は学生時代に暮らした町だ。知らない駅に下りてみようと薬師堂駅で下車したら、陸奥国分寺のすぐそばだった。陸奥国分寺の薬師堂は国指定重要文化財である。

こちらの終着の荒井駅は海に近い。すぐそばの仙台東部道路の向こうには、津波で壊滅的な被害を受けた荒浜地区がある。駅舎の一角に「せんだい3・11メモリアル交流館」があった。各種資料が並び、かつての町並みや地域を示す大きなマップなどが壁面にあって、それらを熱心に見入る人たちがいた。いまは一階のここだけだが、来年の二月には二階に本格的な展示室やスタジオがオープンする予定となっている。駅舎の外に出ると、広々とした田畑と、造成中の町、そして建設中のマンション群。海岸線から奥まったここに、やがて新しい町ができる。

東西線は、南北線に続く仙台市二本目の地下鉄として二〇〇七年に着工されたが、二〇一一年、東日本大震災により工事は中断。同年秋に全工区で工事再開、今年ようやく開通を迎えた。山から海へ、総延長およそ一四キロ一三駅、八木山動物公園駅から荒井駅まで直通で約二六分。車体もコンパクトになんだか仙台らしいちんまりとかわいらしい地下鉄で、それがまたなにやら好ましい。

今年は津波被害を受けて不通となっていたJR仙石線が全線開通した。これまた喜ばしいニュースだったが、こちらは復旧の喜びだった。対する地下鉄東西線はピッカピカの新路線である。どちらもわくわくとうれしいけれど、このふたつ、ちょっと意味合いが違うといえばわかってもらえるか。震災遺構の保存問題がある。各種施設の復旧がある。保存すべきは保存すべきだ、〈いま〉を未来に繋ぐべきだ伝えるべきだ、いやいや復旧こそ急務ではないかなどと思い惑いながら、「あの日」を経て生まれた新しいモノが目の前に現われてほしいと痛切に思わせられるのもまた確かで、被災地の住民、なんとも胸中複雑である。

まあ、今日はいい。ピカピカの地下鉄に乗ってわくわくと、ぶらり町を歩こう。新しいモノが生まれて、新しい日常がはじまるのだから。きっと、今年この仙台で生まれた子どもたちは、「あの日」から五年目に生まれた子ではなく、地下鉄東西線が開通した年に生まれた子として生きていくのだから。そうだ、今年、仙台に新しく生まれたモノとしては「仙台うみの杜水族館」もあった。年が明けたら行ってみよう。新たなる日常に踏み出すために。

エピローグ　2016年

我ら〈荒蝦夷〉は、活動をスタートして二〇一五年で一五年を迎えた。正確にいえば、二〇〇〇年から五年間はフリーランスの編集者の共同事務所で、〈荒蝦夷〉を名乗って法人化したのは二〇〇五年だから、前史五年に法人化一〇年である。最初の五年間は赤坂憲雄さんと森繁哉さんの責任編集による『別冊東北学』の編集制作、あるいは東京の出版社の東北をテーマとした書籍や雑誌の企画編集を担当するなど、いわば編集プロダクションだったわけだが、独自の出版活動をはじめるにあたって法人化を果たした。

書籍第一弾は作家・高城高さんの『X橋付近　高城高ハードボイルド傑作選』。米軍占領下の戦後の仙台を舞台とした、日本ハードボイルド・ミステリの原点とされる短篇「X橋付近」を中心に、伝説の作家の作品を復刊した。幸いこれがご好評をいただいて、年末各社のミステリー・ベストテンにランクイン。仙台の超零細出版社にはなんともうれしいスタートとなった。

雑誌はといえば『仙台学』を創刊。東北全域をテーマとした『別冊東北学』が終刊、さらに小さな地域に的を絞って東北各地に暖簾わけを試みて、『津軽学』『盛岡学』『村山学』『会津学』が創刊されたが、その一冊である。とはいえ、定期刊行は覚束なく、年に二回の刊行とだけ決めて、インタビュー、対談、ルポ、聞き書きと、さまざまな手法で仙台の過去・現在・未来をテーマにページを編んだ。「路地から始まる」「駅裏物語」「異邦人たちの仙台」「海路歴程　宮城海物語」「宮城山物語　山に生きる」「駅前物語」「広瀬川物語」「仙台〈食〉散歩／岩手・宮城内陸地震　山へ還る」「宮城旅物語」「ようこそ〈みちのく怪談〉の世界へ」と特集を組んで、第一〇号は二〇一〇年一二月二四日の刊行だった。……ちなみに『盛岡学』も私たちが手がけたが、こちらは二号で休刊となった。

東北をテーマとした〈叢書　東北の声〉シリーズは、赤坂憲雄『いま、地域から』『増補版　遠野／物語考』に『東北知の鉱脈』シリーズ、高成田享と三陸おさかな探検隊『話のさかな　コラムで読む三陸さかな歳時記』、田中忠三郎《たなかちゅうざぶろう》『下北　忘れえぬ人びと』、内藤正敏『遠野物語の原風景』、野添憲治《のぞえけんじ》『聞き書き　知られざる東北の技』、山川徹『離れて思う故郷　東京に生きる山形人の群像』、吉田コト『月夜の蓄音機　吉田コト子思い出語り』、山形新聞社編『没後十年　藤沢周平読本』などなど、多士済々の著者のみなさんによるルポ、エッセイ、聞き書き、回想記をはじめ、柳田國男『遠野物語』刊行一〇〇年を期しての怪談文芸なら杉村顕道『彩雨亭鬼談』、山田野理夫『東北怪談全集』、東雅夫編『みちのく怪談名作選vol.1』、高橋克彦・赤坂憲雄・東雅夫編『みちのく怪談コンテスト傑作選』の二〇一〇年版と二〇一一年版と、現在までに既刊三二冊を数えている。ほかにも朝日新聞宮城版で連載されていた仙台近郊のお散歩ガイドブックや、仙台文学館と組んだ仙台文学散歩ガイドブックなど、とにかく東北、とことん東北にこだわって、まずは現在に至る法人化一〇年の前半五年を折り返した。

前述の『仙台学』だが、二〇一〇年末に一〇号を刊行して、共同事務所発足一〇年、法人化五年を節目にリニューアルを考えていた。更に一〇号までの連載を本にまとめようと計画してもいた。伊坂幸太郎さんの連載エッセイ「仙台ぐらし」に、熊谷達也さんの連載エッセイ、同じく熊谷さんをホストにお願いした連載対談に、一力雅彦《いちりきまさひこ》河北新報社社長をホストに迎えた連載対談など、連載中から書籍化の準備を進めていた企画があった。二〇一一年は、これらの書籍化に取り組む予定で、年明けから次々に原稿を入稿、第一弾は伊坂幸太郎さんの『仙台ぐらし』を六月に、そのあとは二か月に一冊ずつ、刊行予定の六冊すべてゲラになっていた。同時に事務所発足一〇年のさまざまなイベントを企画、仙台文学館とその相談も進めていた……ところに、東日本大震災だった。

すべてが吹き飛んだ。『仙台ぐらし』はなんとか二〇一二年に出せたが、ほかは断念せざるを得なかった。エッセイにしろ対談にしろ、二〇一〇年までの仙台を語り、そこからの仙台の未来を語るものばかりだった。そのことばすべてが地震と津波によって一掃された。もちろんイベントどころではなかった。法人化一〇年の続く後半五年は、そのまま東日本大震災への対応となった。これについては、本書で同時進行的にご報告した通りである。

さて、今年は共同事務所発足から一五年、法人化から一〇年、そして東日本大震災から五年である。五年前に計画していた節目の年のあれこれを今度こそと思っていたら、二〇一五年は仙台の出版社プレスアートの『せんだいタウン情報（『S-style』）』創刊四〇年に、東北大学出版会は今年が創立二〇年なのだという。かくして仙台文学館で昨年一一月二一日からこの一月二四日まで、企画展「人と街をつなぐ――みやぎで生まれた本・雑誌」の開催、私たち三社と河北新報出版センターの仙台主要四出版社の書籍や雑誌を通して、この町のなにが見えてくるのか。私たち仙台の出版人にとっては「あの日」を挟んだ自らの日々を振り返る機会となった。

この五年、自らの過去の仕事を顧みる機会も増えた。

本書でも触れたが、仙台に拠点を移した二〇〇〇年まで、東京でフリーのライターとして、編集者として暮らしていた。大きなテーマのひとつが災害報道だった。一九九〇年に噴火が始まった長崎県雲仙普賢岳、一九九三年の北海道南西沖地震で津波に呑まれた奥尻島、一九九五年の阪神・淡路大震災、二〇〇〇年の北海道有珠山噴火に三宅島噴火と、自然災害の現場に幾度となく足を運んで、週刊誌や月刊誌に記事を書いた。一九九三年の雲仙普賢岳ルポに始まって八年間に長短四三本の記事である。手許にそんな記事の切り抜きが残る。

ライターとして編集者としてなにせ自然災害と縁が深かったわけだが、東日本大震災で自ら被災者となって、これら過去の記事を折に触れて読み返すようになった。はじめはかつての自分がなにかを取り違えて原稿を書いていなかったかを確認しながら読んだ。間違ってはいなかったと、安堵した。被災者となった自分が読み返しても、気持ちがささくれ返りはしなかった。取材を受けてくれた被災地の人たちの声が、切実に私の胸によみがえった。

そんな記事から、かつての私が聴いた被災地の声をいくつかご紹介する（以下、引用誌名は割愛させていただく）。

・海の幸、山の幸に恵まれて、空気もきれい、景色もいい。でもあのころはそれがパラダイスだとは思っていなかった。どちらかといえば退屈な、平凡な町だと思っていた。でもね、いま思えばあれこそパラダイスだった。もうあの島原は帰ってこないかもしれませんね［一九九三年六月／長崎県島原市］
•ばあさんと一緒に玄関までたどり着いたとき、どっと海水が押し寄せて来たんだ。その勢いに家の中まで押し戻されてしまった。水がちょっと引いた隙にもう一度逃げ出そうとしたんだが、ばあさんが簞笥と柱の間に足を挟まれて動けなくなってしまった。なんとか助け出そうと四苦八苦しているところに、津波の第二波がやって来た。すると簞笥がすっと浮いたんだな。するりとばあさんの足が抜けた。そのあとはばあさんを担いで裏山に一目散さ［一九九三年七月／北海道寿都町］
•あの夜から私の人生は狂ってしまった［一九九四年七月／北海道奥尻町］
•外部の人たちはこの神戸がいまどんな状態にあるかわかってくれているのでしょうか［一九九五年一月／兵庫県神戸市］
•いまこの神戸にいる人間は、被災者も復旧作業員もボランティアも、みんな一緒や。運命共同体みたいなもんやね。こんな瓦礫の山のなかで毎日過ごす。そりゃあみんなしんどいで。こっちにしてみれば、ほんまにありがたいこっちゃ［一九九五年一月／神戸市］
•取材ですか。カメラ持ってますか。この家の者なんですが、ちょっと写真を撮っておいてもらえませんかね。とにかく全部焼けてしまってね。写真の一枚も残っていない。五〇年も暮らした家なんですよ。残骸だけでも撮っておきたいんですが、肝心のカメラも焼けちゃった（笑）。あなたのそのカメラで写真を撮って、あとで送ってもらえませんか［一九九五年一月／神戸市］

•一年たったかて、ええ話なんか全然あらへんで［一九九六年一月／神戸市］

•笑いながら話しているからって、こころの底から笑っているとは思わないでくれよ［一九九六年二月／神戸市］

•そういえば昔、あの娘と三人でこんなことしたなあ、なんて亡くなった友達のことが話題に出てしまう。ホンマ、アホなことしたなあ、なんてげらげら笑いながら、ふたりとも泣いてる。泣きながら笑うとでもいうのかな……［一九九六年六月／神戸市］

•なにげない会話のなかで、そういえばあのときは、と震災時の活動の体験談がひょこっと顔を出す。震災を一緒に戦った者同士として、団結力が高まった。いざというときには、やはり自分たちががんばらなければならないんだ、と仕事に対する誇りを再認識することにもなった。みんな、たくましくなったような気がしますよ［一九九六年六月／神戸市］

•東京の人は神戸のことなんかもう忘れてしもたんやろなあ［一九九七年一月／神

戸市］

・震災があった神戸という都市だから、と先入観を持って特別視するのではなく、自分の身のまわりでも起きていることなんだ、と気がついてもらいたいんです［一九九八年一月／神戸市］

・いつまでも震災のことばっかりいってられへん。それよりも今日のこと、明日のことや［二〇〇〇年一月／神戸市］

・神戸には、いま、あの体験を話したい人がたくさんいる。やっと話せるようになったんです。話すこと、聞くこと。それがあの悲劇を風化させないことに繋がるんじゃないでしょうか［二〇〇五年一月／神戸市］

自らが聴き取って記事とした、全国のかつての被災地の「声」を読み返すたびに、なんともいいようのない気持ちになる。二〇年も前の被災者の声が、眼前の東北被災地の声と響き合って、やり切れなくなる。だが、この声が、被災者となった私を助けてくれたのもまた事実だ。かつて確かに聴いた声を折々によみがえらせながら、東北の私たちも「きっと、だいじょうぶ」と胸を鎮める。

それでは「声」ではなく、光景はどうか。東日本大震災で自らが被災する以前、私はいったいなにを見てきたのか。

・普賢岳に降った雨は膨大な堆積物を巻き込み土石流となり、水無川沿いに有明海に向かって斜面を駆け下る。ひと抱えもふた抱えもある岩、小さな家ほどもある岩が下流を襲う。橋が家が国道が、すべてその巨大な流れに押し潰される。その後に残るのは、まるでSF映画のワンシーンのような、荒涼たる風景。四月末から五月初頭にかけて大土石流が起きた水無川流域はまるで映画で見た核戦争後の地球か、ゴジラに押し潰された町のようなありさまだ［一九九三年六月／長崎県島原市］

・まるで全島くまなく空襲にあったような惨状が繰り広げられていた。陸に打ち上げられた巨大な船、家のなかに飛び込んだ自動車、ぽっきりと折れた電柱、浜辺を埋め尽くした瓦礫の山々……。残骸を燃やす炎とその煙がたなびく空を自衛隊のヘリが編隊を組んで飛んで行く。救援作業に当たる自衛隊や海上保安庁の船舶が沖に展開している。瓦礫のなかでは遺体の捜索がつづいていた。そんな戦場のような島をときおり余震が襲う［一九九三年七月／北海道奥尻町］

・リゾートホテルのロビーをかっ歩するのは、ヘルメットと作業服の男たち。島の宿泊施設は、どこもかしこも復興作業の作業員たちで満杯だ。海岸の砂にはいまだたくさんの漂流物が埋まっているし、島を巡る道路を疾走するのはトラックやダンプばかり。島内いたるところで重機がうなり声をあげている。島全体がまるで巨大な工事現場のようだ［一九九四年七月／奥尻町］

•巨大な瓦礫と化した都市。ビルが家が、潰れ、傾いている。平衡感覚や遠近感覚が狂っていく。町が歪んでいるのか、それとも自分の視覚が歪んでいるのか。そして焼け跡のにおい。道端に横たえられた遺体。瓦礫に埋もれた生存者。歩いているうちに、気持ちが悪くなる。吐き気が込み上げてくる［一九九五年一月／兵庫県神戸市］

•はた目には瓦礫が消えてきれいになった、と見えるかもしれない。だが、それは違う。日本の大都市のひとつに、広大な更地が広がる異常事態が続いていると見るべきだ。災害は、更地の上にどっかりと腰を据えている。神戸の外の人間には見えなくなってしまった災害の正体を、被災地に暮らす人たちはいまも見詰めているのだ［一九九六年一月／神戸市］

•ペンションの床を下から突き上げるように震動が走った。同じペンションに泊まっていたテレビ局のクルーがあわてて駆け出す音。窓を開くと目の前で雄山が噴煙を噴き上げていた。晴れているのに、雷鳴。見ると、噴煙のなかを稲妻が走っている。避難勧告発令、空港の閉鎖、消防団員の招集。街路に取りつけられたスピーカーから最新情報を伝える町内放送。火山灰を浴びて走り過ぎるクルマ。

住民がみんな路上に出て噴煙を見上げていた［二〇〇〇年八月／東京都三宅村］
・有珠山噴火でパックリと口を開いたいくつもの噴火口が目の前にある。ロープで仕切られた向こうには噴火と地震によって倒壊した建物。噴火口の側面には吹き飛ばされた建物の残がい。ソファーなどの家具もそのまま見える。あちらこちらから水蒸気が噴出し、イオウの臭気が強烈に漂うこの場所は、まさに「大自然の驚異」というやつをこれでもかというほど見せつけてくれる［二〇〇一年七月／北海道洞爺湖町］
・車窓から見える町は、ゴーストタウン。降り積もった火山灰。流失した道路。泥流の爪痕。いたるところに積まれた土のう。地殻変動によって隆起した路面、崩れた崖、折れた電柱。三宅島には約四〇〇〇人の復旧作業員や保安要員が常駐しているとはいえ、住民のいなくなった家並みは荒廃が進んでいる［二〇〇一年九月／三宅村］

私の文章力の限界もあるにせよ、北から南まで、この列島の〈壊滅〉の風景はどこか似通っているのもまた確かではある。家々が町並みが破壊されている、焼け野原になっている。クルマが家に突っ込み、船が陸に打ち上げられる。東日本大震災下の被災三県でも、沿岸およそ六〇〇キロの破壊の規模や範囲を想像すると気が遠くなりはしたものの、ああ、こんな現場は奥尻にもあった、神戸でも見たと感じる瞬間があった。だが、間もなく五年を迎える東北では、いまだにおよそ二〇万人が避難生活を続け、津波に呑まれた沿岸には広大な更地が広がり、福島第一原発も「アンダー・コントロール」どころではない。かつての私が耳にした「声」に、目撃した光景に、東北の行く末を思う。

あまり書いてこなかった光景もある。

奥尻島、遺体安置所となった体育館。白木の柩がずらりと並んでいた。女性がひとり、柩のそばにへたり込むように遺体の顔を見詰めていた。神戸、倒壊した家の下から同居していたおばあちゃんの遺体を掘り出した家族。路上に布団を敷いて、まるで眠っているかのように遺体を横たえていた。息子夫婦と孫たちが、小雪の降るなか、呆然と立ち竦んでいた。やはり神戸、遺体安置所となった学校の理科室。実験用テーブルに遺体が一〇体ほど寝かせられていた。ただならぬ臭気のなか、理科室の床では家族が避難生活を送っていた。これも神戸、倒壊を免れたお寺の本堂に、二体の遺体が運び込まれていた。家族が為す術もなく遺体のまわりにすわり込んで、泣き声もなく、会話もなく、本堂はしんと静かだった。大規模火災の焼け跡から、焼き尽くされて白々と灰のような遺骨、いや、遺灰が自衛隊員などの手によって次々と掘り出されていた。自衛隊員が遺灰を見つけると、作業を見守っていた家族が残骸を踏んで近寄り、しゃがみ込んで手を合わせる。

あるいはまた、神戸の避難所となった学校の医務室。地区の医師たちが集まって、救護所となっていた。傷の手当てに救命にごったがえす医務室には家族の死亡届を提出する人たちの列が廊下にまで続いていた。騒然とした医務室に、頭に包帯を巻いたひとりの男性がいた。ベッドにすわって、目の前の壁をじっと見詰めていた。まわりの喧噪も耳に入っていないようだった。ただ、唖然と壁に向き合っていた。焼け跡で叫ぶ男性も見た。おそらくは自宅であろう焼け跡の残骸の上に立って、道往く人に叫ぶ。ここに神がいる、お前たちには見えないのか、と。

東日本大震災については書くまい。だが、「あの日」を経験して、かつて出会ったあの被災地の人たちの気持ちが幾分かはわかるようになった。あのころの私は取材者だった。災害が起きてから現場に入り、はじめて出会った被災者たちに体験を聞き、そこにあったはずの暮らしを町を思い描いて伝えてきた。それが今回は、自らが知る人が町が、犠牲となった。取材する者としてでなく、ここに暮らす者として受けた衝撃をどのように伝えればいいのか、いまもわからない。その日まで暮らしていたマンションが〈全壊〉となる、壁面に亀裂が走りところどころが崩落した停電中の全壊マンションのロビーで住民集会が繰り返し持たれる、県庁で市役所で区役所で「被災者」としての手続きのために長蛇の列に並ぶ、その日々の実感をどのように伝えればいいのか、いまもわからない。もしかすると本書はそれができるのか、可能なのかを探る、そんな私の試みの一冊だったのかもしれない。

自らの原稿を読み返して気がつくのは、個人的な生活再建や健康上のトラブルにほとんど触れていないことである。混乱のなかでの全壊マンションから新居への移転、あるいは運送屋さんの手配もできないままの大荷物を運びながらの右往左往と、住まいも事務所も現在の体制に落ち着くまでに一年余りを要した。

健康面でいえば、私が文字通り「血を吐いた」のは二〇一一年の晩秋のある夜だった。下血もひどかった。こわかった。もうダメかと思った。あわてて駆け込んだ病院で上から下まで検査してもらったら、食道から大腸まで、しっかり炎症を起こして出血していた。

医師に「ストレスですよ、多かれ少なかれみんなやられていますから、だいじょうぶ」となぐさめられたが、これもまた被災地に暮らす誰しもがなにがしか身に覚えがあるのではないか。〈被災〉は肉体的にも精神的にも堪えるのである。消化器の炎症はこのあとも二度ほどぶり返して、おまけに二〇一二年秋には軽く交通事故にも遭って、踏んだり蹴ったりの災後の日々があった。

もうひとつ書けなかった、書きたくなかったのは、被災地の零細企業の経営者としての日々だ。生活再建に営業再開、そして業務の立て直し、更には震災後にダブルどころかトリプルローンとなった借入金の返済や資金繰りと、なにも出版社に限らず、被災企業の苦闘と一喜一憂は、みな等しく経験したところだろう。いずれも一朝一夕に解決できる問題ではないが、五年を経て、やっとなんとかこれからの道筋が見えてきた。

零細企業の経営者としての難題を、あるいは生活再建や健康上のトラブルを、なぜ私は書かなかったのか。意識してのことではなかったが、おそらく書くことによってへこたれたくなかったのだと、弱音を吐きたくなかったのだといまにして思う。本書にあるように「淡々と、粛々と」などと気取りながら、実際には混乱とパニックの日々があったのを、ここに書き留めておきたい。被災地に暮らす者にとって、これもまた〈被災〉の素顔なのだから。

書けなかった、あるいは書きたくなかったことを書けるようになるにはもうちょっと時間が要るようだ。町も人も、おそらく復興とはこのような道程なのだ。肉体的にも精神的にも、あるいは経済的にも、昨日はドン底だったが今日はなんとかなりそうだ、今月はダメだったがきっと来月はちょっとマシになるはずだ、そうやって紆余曲折、日々を行ったり来たりしながらゆるゆると生活を取り戻していくしかない。復興の公式など、正しい復興など、どこにもない。そこにはただ善かりかるべき明日を幻視する試行錯誤のみがあり、その日々はこれからも続く。絶望はしない。とまれ、自然災害に繰り返し襲われ、被災者の声と破壊の光景がいつもどこかにある、私たちはそんな地に暮らしている。かつての私はある記事に「写真の彼らは、明日の僕らだ」と記していた。そして、私はいまここにいる。明日はあなたがここにいることになるかもしれない。

本書は、筑摩書房『ちくま』と出版ニュース社『出版ニュース』に連載した原稿を中心に、北海道新聞、河北新報、山形新聞、東京新聞、朝日新聞、読売新聞、毎日新聞、神戸新聞、琉球新報、図書新聞、新文化の各紙、東海教育研究所『望星』、プレスアート『Kappo 仙台闊歩』、大学出版部協会『大学出版』、メディアファクトリー『ダ・ヴィンチ』、集英社『kotoba』、くとうてん『ほんまに』、実業之日本社『月刊ジェイ・ノベル』、トマソン社『BOOK5』、講談社『週刊現代』など各誌に執筆した原稿をまとめたものである。それぞれに大幅な加筆訂正、あるいは複数の原稿をひとつに合わせて手を入れたり、抜粋挿入したりしたため、各原稿の初出は割愛させていただいたが、各誌紙の担当編集者各位には混乱のなか、さまざまにお世話になった。また、一冊にまとめ上げるにあたっては、河出書房新社のみなさんに助けていただいた。ありがとうございました。

そして、五年の日々をともに乗り越えた妻・典子と、〈もうひとりの荒蝦夷〉にして〈もうひとりの震災編集者〉たる共同経営者の千葉由香に。あるいは本書に名を挙げさせていただいた災後をともに乗り越えた仲間たち、被災地の外にあって手を差し延べてくれた仲間たち、そしてもちろんここに名を挙げるまでもなくともさまざまに助けてくれた仲間たち、そんなみなに感謝を。文中に登場するみなさんの肩書きなどは、原稿執筆時点のままとさせていただいたことを付記しておく。

そしてもうひとり、私のこの五年間を締め括るかのように世を去った父に。津波に流され二週間後に発見された知人の柩を担いだ。土葬の現場にも立った。夫婦ともに流されてひとり生き残った男性の、母と流されてさいごの瞬間に繋いだ手を離してしまった女性の、あまりにも切ない悲しみに触れた。たとえ幻でもいいからもういちど「あの人」に会いたい、そんなやりきれない思いも知った。

多くに見送られて天寿を全うした父の死に顔を見ながら、さまざまな「死」に想いを致しながら、平和な日常に送られる「死」であれば、それだけでいいのではないかと自らは死に目に会えなかったこの親不孝者は思った。

さいごに父に会ったのはおよそ二か月前、さいごに電話でその声を聞いたのは亡くなる二日前の夜だった。本書を読んではもらえなかったが、おつかれさまと、ありがとうと、いまはただそれだけを伝えたい。

被災六年目が間もなくはじまる二〇一六年の年頭に。

土方正志

文庫版エピローグ　2020年

初刊『震災編集者　東北のちいさな出版社〈荒蝦夷〉の5年間』が四年を経て改題文庫化となるにあたって、以下はいわば「エピローグ」のエピローグ、「あとがき」のあとがき、あるいは後日談である。いまも私は日記のごとくに原稿を書き続けている。その原稿を追って、四年間を顧みたい。

まずは、引き続く自然災害があった。四年間の自然災害を列挙しようと思えば、まさに枚挙にいとまがない。地震、台風、豪雨、豪雪、洪水、噴火、土砂災害。温暖化など地球規模の気候変動の影響も語られるが、いかに災害列島といえ、天地動乱、本書初刊の二〇一六年二月二八日からおよそひと月が過ぎた四月一四日には、熊本地震が列島を揺るがせた。

・帰宅したのが夜九時半過ぎ。玄関に入ると、廊下の奥から妻が叫ぶ「地震！震度7！」。おどろいてテレビの前に走ると、熊本が揺れていた。いまこれを書いているのは一八日の早朝だが、この四日間の熊本地震をめぐる状況はご存知の通りかと思う。朝刊の見出しを拾う。「熊本11万人避難　10人前後なお安否不明　食料や水行き渡らず」（朝日新聞）、「熊本地震　避難11万人　南阿蘇8人安否不明　新たに心肺停止1人」（読売新聞）、「熊本地震20万人避難　死者42人住宅損壊24 2棟」（毎日新聞）、「熊本、大分避難11万人　南阿蘇11人不明　女性死亡死者42人に」（河北新報）。——『出版ニュース』二〇一六年五月上旬号

・仙台のタウン誌・情報誌のプレスアートは『Kappo 仙台闊歩』編集長の川元茂さんと共に、熊本へ行った。熊本地震から二か月、北と南の被災地を「本」で結べないかと、三日間にわたってさまざまに体験を現状を聞きながら、今後これからを話し合いながら、現場を歩いた。大きなダメージを受けた熊本城と、一見なにごともないようでいてそこかしこに「被災」の爪跡が残る熊本市内は五年前の「あのころ」の仙台市中心部を思わせる。益城町や南阿蘇村に行けば、津波の惨状こそないものの、やはりあのころの瓦礫と化した町を思い出さずにはいられない。二か月が過ぎたというのに、避難所、給水所、車中泊のクルマ、公園のテント、崩落したままの阿蘇大橋。駐車場にペットボトルが並ぶのは、夜ここに帰って来るクルマのいわば「場所取り」だった。そして、灰一色にも見える倒壊した町に、そこだけ色鮮やかな犠牲者に手向けられた花束。繰り返す無惨と無念が

胸に刺さる。――『出版ニュース』二〇一六年七月上旬号

・熊本行で思い出す会話がある。中華料理屋のおやじさんは「仙台の人たちに顔向けできない。東日本大震災では東北の人たち大変だなと、支援物資などは送った。だが、熊本は地震が少ない土地だ、私たちは大丈夫だと思っていた。東北の人たちがいろいろと警告を発してくれたのに、人ごとに聞き流していた。それがこのザマだ。だから、顔向けできない気持ちなんだよ」と漏らした。益城町では役場にいたおばさんが「仙台から来たの？　家、だいじょうぶだった？　全壊だったの！　ウチも全壊なの。だけど、また余震が来たらって、まだなんにも手を付けてないの。ぐちゃぐちゃ。ねえ、私たちも仲間にしてね」というや私の手を握って目を潤ませた。復旧の邪魔にならないように歩きまわったのだが、行く先々で熊本の人たちは私たちをこころよく受け入れてくれた。避難所では、受付の職員に「仙台からいらしたんですか、どうぞ見て行ってください」と招じ入れられた。体育館の構内を歩くと「仙台から来たの？　東北の避難所はどうだったの？」と、避難者に声をかけられた。この熊本の人たちの対応に「ああ、そうか」とも思った。私たちの場合、キーワードは「神戸」だった。混乱の日々、救援や支援に、あるいは民間ボランティアが、全国から東北被災地に駆けつけてくれた。どれもありがたかったのだが「兵庫県」から「神戸市」からの支援は受け取るこ

ちらの気持ちに違ったものがあった。阪神・淡路大震災の知見を私たちにもたらしてくれるのではないか、私たちのいまの状態を震災を経験した神戸の人たちはわかってくれるのではないかと、そう思った。七年が過ぎて、立場が入れ替わった。そして、おそらくは熊本の人たちが「次」の被災地の支援の担い手に加わってくれるはずだ。「被災地責任」もしくは「被災者責任」がいわれるようになった。今日の被災地の被災経験者は「次なる被災者」に自らの経験を伝える責任があり、そしてそれこそが防災に繋がる……被災地から被災地への経験の継承。これもまたこの災害列島を生き延びる知恵のひとつに違いない。——北海道新聞二〇一七年三月三日夕刊

続いては二〇一八年、北海道。『出版ニュース』二〇一八年一〇月上旬号より引く。

ビジネスホテルのベッドで、本を読みながら眠ってしまった。激しい揺れにベッドから転がり落ちた。瞬間、停電.室内はまっ暗闇に。這い起きるが、まだ揺れは続いている。なんとか立ち上がると壁に背中を押し付けて、カニの横這いよろしくドアに向かって進む。暗闇の中で揺られていると、もしかして寝ぼけているのかな、夢を見ているのかななどと思ったりもしたが、確かに揺れによって歩

みが覚束ない。ドアにたどり着く直前に、やっと揺れが収まった。時間にして一分強は揺れたか。東日本大震災以来、もっとも長い揺れを体感させられた。

九月六日午前三時八分、北海道胆振東部地震発生の瞬間、私は函館駅前のビジネスホテルにいた。施設に入居中の母を見舞うために仙台から新幹線で新函館北斗駅へ。だが、台風の影響で函館からの在来線は全て運休、実家への帰郷を次の朝として、駅前のホテルに入った。その深夜未明の地震だった。

東日本大震災を経験して、常にリュックに非常用の小型懐中電灯、トランジスタラジオ、チョコレートバーなどの緊急食糧を持ち歩いている。揺れが収まって、窓外の函館市外は一面の闇。懐中電灯とラジオを頼りに夜明けを待った。明るくなっても停電のためエレベーターは停止中。非常階段で地上へ降りて、まずは食糧と近くのコンビニへ行くと、既に長蛇の列。レジは停電で使えず、電卓手計算で支払いを済ませるのは、三月一一日の仙台と同じだ。行列に並びながら「またかよ」と思わず溜め息ひとつ。

バッテリーの消耗を恐れて、固定電話を探すと、公衆電話が災害対応で無料開放となっていた。家族や同僚、親戚など関係各方面へ早朝の電話。現金もこころ細かったが、もちろん銀行も郵便局もＡＴＭも全面停止。駅へ行くと、足止めを食らった旅行者の群れが途方に暮れていた。ホテルに戻ると、朝は出ていた水道が断水していた。使えるトイレは一階ロビーのみ、バケツの水で流す。えっちらおっちら五階と一階を行き来するのが睡眠不足のからだに堪える。テレビもネットもダメ、バッテリーの不安もある。刻々と広がる被害の情報を頼りのラジオで聴きながら、ふとケータイを見ると「圏外」の表示が。やれやれこれで連絡の道は公衆電話のみかと思うと同時に、このままここで足止めを食らえば、食糧も水も手に入らなくなって、避難所を探さなければならないと腹を括りかけた。いやいやそれよりもと、実家の村の近所の男性へと連絡して見れば「クルマで迎えに行ってやる」と、頼もしい。駆けつけてくれた彼のクルマに飛び乗って、信号の停止した道を片道三時間、故郷の村にたどりつけば、震源地から離れていたために建物被害などはなかったが、ここも停電のまっ暗闇。

結局、足掛け四日間、北海道に足止めとなった。実家エリアは幸い停電の復旧も早かったが、公共交通機関がほとんど途絶。飛行機や新幹線が動き出しても、新千歳空港や新函館北斗駅に行く足がない。なにせ北海道は広い。最終的にまたも近所の男性にクルマを出してもらって、あちらこちらくずれた法面《のりめん》の復旧工事が進む高速道路で新函館北斗から運転再開した新幹線に飛び乗り、青函トンネルを通り抜けて仙台に帰り着いた。

そして、二〇一九年一〇月十三日未明、台風一九号が宮城県と福島県を直撃、大きな被害をもたらした。我が家のまわりも膝下まで冠水、近所の人たちと深夜の土のう積み、あわや床上浸水寸前で難を逃れた。近くの地下鉄駅や建物の地階が水没したのをのちに知った。一階が浸水した建物も多かった。我が家から徒歩五分ほど、仙台駅にもほど近い東北本線のアンダーパスに沈んだクルマからは水死体が収容された。続けてさらに二度、東北太平洋岸は豪雨に見舞われた。死者・不明者多数、家屋や農地への被害も甚大なまま、ぴりぴりとうんざりの入り交じった秋となった。そもそも台風にはほとんど縁のない土地だった。もはやなにが起きてもおかしくない災害列島である。

出会いもあった。

熊本〈橙書店〉の田《た》尻《じり》久子《ひさこ》さん。文芸誌『アルテリ』を発行して、いまやエッセイストとしても活躍する。私たちを繋いでくれたのは、作家・池澤夏樹さんだった。池澤さんが石牟《いしむ》礼《れ》道子《みちこ》さんをたずねての熊本行に『震災編集者』をたずさえ、被災直後の田尻さんに届けてくれていた。プレスアートの川元さんと私が橙書店をたずねたのはそのひと月後のことだった。田尻さんには〈荒蝦夷〉が編集を担当する東北学院大学『震災学』九号（二〇一六年一一月一〇日）に「被災地とことば　熊本発文芸誌『アルテリ』の六カ月」と題してご寄稿いただいたほか、『Kappo 仙台闊歩』では往復書簡の機会に恵まれた。以下、同誌二〇一七年一月号「往復書簡〈熊本へ／熊本から〉」より。

【土方→田尻】私たちがアポもなしに橙書店に寄らせていただいたのは6月11日でした。田尻さんとはまるで初対面ではないかのようでした。橙書店の平台に並ぶ『震災編集者』が目に飛び込んできました。池澤さんは1冊は田尻さんに、4冊は店頭に並べるようにと、5冊の『震災編集者』を届けてくださったとそのとき聞きました。無我夢中で東北被災地から発信した本が、熊本の被災地の本屋さんに確かにありました。私たちの本と田尻さんたちの本が、仙台と熊本、北と南の被災地の本が、池澤さんをはじめさまざまな人たちとの出会いによって繋がろうとしているようです。互いの経験を、紙に乗せて言葉の力を信じて次の被災地へ伝えられればと、そう願っています。

【田尻→土方】私を含め熊本の被災者は、地震の規模のわりに人的被害が少なかったことが影響してか、外に向けて声高に被害の状況を伝えることに遠慮の気持ちがありました。そのことを、土方さんは「わかります。」と仰ってくださいました。覚えていらっしゃいますでしょうか。わかります、そう言って頂けることが励みとなりました。経験したことは、いつかのために残さなければならない。『震災編集者』を読んだことで、土方さんたちにお会いしたことで、そのことに気付きました。痛みの大きい、小さいは問題ではなく、何の役にも立たない経験などないということ。それを言葉にしていくことが、唯一、私が誰かの役に立てることかもしれません。私も、「あの日」から、たくさんの言葉を追いました。今3・11の後で紡がれた言葉の数々を、今までは傍観者として読んでいました。今では、その言葉の数々が、ほんとうの意味での言葉として立ち上がっています。

北海道に関しては、東北大学災害科学国際研究所助教の定池祐季《さだいけゆうき》さんとの一枚の写真をめぐる不思議な縁があった。定池さんは一九九三年の北海道南西沖地震による奥尻島津波を島民のひとりとして経験した。中学二年生だった。家族も家も無事だったが、津波のあと、北海道本島に移り、やがて北海道大学に進学、自ら経験した津波に研究者として向き合う道を選ぶ。北大大学院から、神戸「人と防災未来センター」、北大大学院理学研究院附属地震火山研究観測センター、東京大学大学院情報学環総合防災情報研究センターを経て、二〇一七年春、東北大学災害科学国際研究所助教に着任した。専門は災害社会学。復興過程の検証や、災害の経験が地域の文化にいかに溶け込むかを追う災害文化研究に取り組む。

定池さんは奥尻島津波の資料を集めている。被災直後に奥尻島に支援に入った赤十字職員の遺族が提供してくれた写真資料に「どう見ても土方さん」が写っていると定池さんがメールをくれた。写っていたらスゴいなと思ったものの、あの戦場のようだった離島の被災地でまさかそんな偶然が……ともに参加する日本復興学会東北復興研究会の月例の勉強会の席で定池さんのパソコン画面をのぞきこむと、確かにそこに私がいた。

撮影場所は奥尻島のフェリー埠頭。撮影者は海を背に、無惨に崩落した茶色い山肌を撮っている。多くの犠牲者が出た現場に撮影者はカメラを向けて、その画面中央の路上で横顔を見せていた。レンズを向けられていると思ってもいない、偶然のスナップである。四半世紀以上前の災害現場を取材する自らのすがたをいまさら見るとは思わなかった。二七年前、三一歳の私が津波取材に奥尻島を駆けまわっていたころ、島の被災者のなかに中学生の定池さんはいた。そして、東日本大震災で被災者となった私と、災害研究者となった定池さんはいま同じ仙台にいる。因果はめぐる。

定池さんは、北海道胆振東部地震で大きな被害を受けた厚真町防災アドバイザーをかつて務めた。胆振東部地震後、同町防災アドバイザーに復帰、現在も現地の復旧復興支援にあたる。被災地と被災地を人が結んで、被災のリレーが続くが、東北被災地の子どもたちにも、定池さんのように自らの被災の体験や記憶に向き合い糧とする人

1993年7月24日、奥尻島にて（写真提供：定池祐季）

生があっていい、同じような志を持ってほしい。私たちはいまここの日々の記録を、そんな子どもたちに伝え残せるか。残したいとそう思う。

東北学院大学『震災学』の編集発行と、同大地域共生推進機構連続講座「震災と文学」の企画コーディネートはいまも続く。『震災学』は二〇一二年の創刊以来、一三号を世に送ってさらに刊行継続中、講座「震災と文学」は二〇一三年の開講以来、現在までに五一回を重ねた。山折哲雄、赤坂憲雄、山形孝夫《やまがたたかお》、小森陽一、池澤夏樹、いとうせいこう、西谷修《にしたにおさむ》、若松英輔、柳美里、熊谷達也、東雅夫、和合亮一、平田オリザ各氏の同大編の講義記録『震災と文学講義録』を私たち〈荒蝦夷〉が刊行したのは二〇一七年三月だった。

もうひとつ実を結んだのは〈ふるさと怪談〉や〈みちのく怪談プロジェクト〉と関わって本文でも随所で触れた被災地の生者と死者の、慰霊と鎮魂の物語「震災怪談」である。東北に縁ある若手作家たちと共に、一書を編んだ。二〇一六年夏刊行の東北怪談同盟編『渚にて　あの日からの〈みちのく怪談〉』である。本書は舞台ともなった。演劇ユニット〈コマイぬ〉による朗読劇「〈よみ芝居〉あの日からのみちのく怪談」だ。〈コマイぬ〉は、赤澤ムックさんの劇団「黒色綺譚カナリア派」の芝原弘さんと平田オリザさんの劇団「青年団」の菊池佳南《きくちかなみ》さんを中心とした演劇ユニット、芝原さんは宮城県石巻市が、菊池さんは同岩沼市がふるさとで、東京で活動していたが、震災後に帰郷。いしのまき演劇祭など、積極的に被災地の演劇活動に取り組む。

ふたりは『渚にて』を演じるにあたって、東北の作家たちと交流を重ね、震災を記録する意味を、生と死を演じる意味を語り合ってきた。被災地に思いを寄せる同世代の演劇人たちと小説家たちのその熱意が舞台を支え、そしてまたその熱意が観客を巻き込んで、会場はいつもちょっと特別な空間となる。その場にいる全ての人の胸を祈りが満たす。作家たちも私たち〈荒蝦夷〉も、客席にあってこの本を出してよかったと、意を強くさせられる。舞台は好評で、宮城県をはじめ東京や長野と、公演は既に一三回、特に宮城県では三月と八月など、慰霊と鎮魂の季節の定番となりつつある。東北被災地の思いが詰まったこの舞台、機会があればぜひご覧いただきたい。

仙台短編文学賞もはじまった。以下は『出版ニュース』二〇一七年九月上旬号から。

発端は二〇一〇年にさかのぼる。多くの作家のみなさんが暮らす仙台なのに、その名を冠した文学賞がない、ここはひとつ仙台の出版社が共同で立ち上げようではないか……と、なって、実は二〇一〇年には実行委員会制とする、短編を対象とした賞とする、ひとり選考委員制とするなどなど全体のシステムもほぼ出来上がっていた。二〇一一年度のスタートを決めて、選考委員をお願いした作家・佐伯一麦さんなど関係者が「これで行こう」と話し合い、国分町の居酒屋で祝杯を交わしたのは同年三月一〇日の夜である。明ければ東日本大震災だった。

もちろん文学賞設立どころではない。それぞれが災後の日々の大混乱に、この話も立ち消えた。その大混乱をやり過ごし乗り超えて、昨年末、プレスアートの川元茂取締役編集局長から「ちょっと話がある」と電話があった。なにごとならんと年明け間もなく、またも居酒屋で会ってみれば「あの文学賞をもういちど」との相談だった。

東日本大震災から六年が過ぎてもあの日々を体験した者にとっては風化などありはしないが、世の風化は否定しがたい。ここでふたたび「仙台」の名を冠した文学賞を立ち上げたい。震災そのものをテーマとはせずとも、きっとそこには震災を経た仙台の人たちの想いが浮かび上がる。いや、仙台市と宮城県だけでなく、被災三県、東北六県、全国に呼びかけてみよう、被災三県には被災三県の、東北六県には東北六県の、そして東北以外の地にはその地なりの、東北に対する、震災に対するイメージや想いがあるはずだ。二〇一〇年とはまた違った意味で、そんな文学賞をいま立ち上げる意義があるのではないか……一月の夜の仙台で、そんな意見を交わした。

もとより再起動に否やがあるはずもなく、二〇一〇年の仲間たちに次々に声をかけた。私たちの予想を超えて「やるべし」の声が上がった。震災から六年が過ぎて、いま・ここで私たちになにが出来るのか、なにを発信すべきなのか。一〇年、一五年、二〇年、そしてその先になにを伝え繋ぐべきなのか。日々が過ぎて、どうやら被災地のみながそんな想いを新たにしている。文学賞設立がもちろんその唯一の策であろうはずもないが、まずは被災地で出版に関わる私たちである、これまた私たちがやるべき試みのひとつではあるはずだ。未来の「ここ」で暮らす人たちへ、あるいは未だ知らぬ地の明日の被災者たちへ……などと思いをめぐらせる。

結果、河北新報社とプレスアート、そして私たち〈荒蝦夷〉で実行委員会を組織、協力・後援に仙台市、仙台文学館（公益財団法人仙台市市民文化事業団）、東北学院大学、宮城県書店商業組合、宮城県古書籍商組合、エフエム仙台、東北大学災害科学国際研究所、関西学院大学災害復興制度研究所と陣容も定まり、全国発信に関しては集英社「小説すばる」に大賞作掲載のバックアップを得て、現在、第三回を締め切ったところである。選考委員は第一回に佐伯一麦さん、第二回に熊谷達也さん、第三回に柳美里さんと、東北被災三県に暮らす作家各氏にお願いした。平均すれば毎年四五〇編もの作品が寄せられている。

実行委員会代表を務めさせていただいているが、私見ではそのおよそ八割がなんらかのかたちで東日本大震災、あるいは自然災害に関わる。実行委員会は本賞を「震災文学賞ではなく、広く仙台、宮城、東北をテーマとしたノンジャンルの短編文学賞」と規定しているが、実際には第二回選考委員の熊谷達也さんが「十字架を背負った文学賞」と評する通り、どうしても「被災地発信の文学賞」のイメージが強い。そして、それでもいいのではないかとどこかで思いはじめてもいる。なにせこの災害列島、打ち続く災害をテーマとした作品が寄せられる文学賞がひとつくらいあっても、書き手の思いを受け止められる場がひとつくらいあってもいいではないか。どころか「人間と災害」は実はこの国の文学の大きなテーマのひとつなのではないか。そう思えば寄せられた作品の意味がずしりと重いが、これもまた被災地で文芸に関わる私たちの役割だろうと、関係者一同、腹を括る。

文芸といえば、本書では仕事を通じて知遇ある仙台の作家のみなさんとその作品に言及している。

まずは熊谷達也さんが宮城県気仙沼市をモデルとして書き継いだ〈仙河海〉シリーズのその後だが、熊谷さんはシリーズ八作を第一部としてとりあえずは終了、現在は東北を舞台とした歴史小説に取り組む。東日本大震災を描きながら、いまだ仙河海の「あの日」を熊谷さんは書いていない。いずれシリーズが再開されて、そこに果たしてどのような〈仙河海〉の町と人が描かれるかを待つ。

佐伯一麦さんの最新作『山海記』と読者向けリーフレット（講談社）を、私は二〇一九年のベストブックの一冊として、『Kappo 仙台闊歩』に〈仙台に暮らす佐伯一麦さんの新作です。東日本大震災を通奏低音に、この列島の自然と人間、この列島の生と死が紀行文のごとくに物語られます。紀伊半島豪雨の爪痕をたどり、岐阜白川郷の過去の豪雨災害の死者をたずね、旅は北海道へ。生き残った者との対話が、死者との対話が頁に刻まれます。あの災厄を経験したこの仙台にこの作家がいて、こんな作品を世に送る、とにかくいま／ここで読むべき一冊です〉とコメントを寄せた。東日本大震災後の佐伯さんの作品に、私は白刃の凄みを感じている。淡々と静かでありながら、核心を、急所を外さない。新たな作品を手にするごとに、その感が強くなる。

伊坂幸太郎さんは「東日本大震災を書かない、語らない」立場をいまも堅持している。企みと仕掛けに満ちた伊坂ワールドはあいかわらず絶好調だが、語らぬ裡に、物語の裏側に、伊坂さんのあの日々への思いがあるように感じるのは私だけだろうか。

そしてもうひとり、本文には登場していないが、柳美里さんがいる。柳さんとはじめてお目にかかったのは二〇一六年の三月二〇日、せんだいメディアテークで開かれた東日本大震災後の東北の文学をテーマとしたシンポジウムの楽屋でのことだった。柳さんが福島県南相馬市に移住、災害臨時放送局「南相馬ひばりエフエム」で住民と語る番組を持つなどさまざまに活動しているのはもちろん知っていた。私たちが企画運営を担当する東北学院大地域共生機構連続講座「震災と文学」の講師をお願いしたところご快諾いただき、さらに移住した南相馬市小高の日々を綴ったエッセーを『震災学』に執筆いただいた。やがて、柳さんは福島第一原子力発電所事故の旧警戒区域、同市小高区にさらに転居、本屋さん〈フルハウス〉と小劇場〈LaMaMaODAKA〉をオープン、演劇ユニット〈青春五月党〉も動いた。以下は河北新報二〇一九年一一月一七日より。

舞台にベッドがふたつ、それぞれに男がいる。左のベッドは東日本大震災以前、右のベッドは、いま。この過去と現在を、ひとりの女が行き来する。舞台の会話からこの8年9か月の過ぎた日々が眼前に立ち上がる。生者と死者が共に朝食のテーブルに着き、過去と現在の声があの日に向かって収斂する。舞台で繰り広げられるその声の意味を、観客もまた我がこととして強く引き受けざるを得ない。芥川賞作家にして岸田國士戯曲賞受賞劇作家・柳美里さんが率いる演劇ユニット〈青春五月党〉の新作『ある晴れた日に』はそんな作品だった。柳さんが拠点とする福島県南相馬市小高の小劇場〈LaMaMaODAKA〉を皮切りに、盛岡市〈盛岡劇場タウンホール〉、そして仙台市〈せんだい演劇工房10－ＢＯＸ〉と、10月末から11月にかけて東北被災三県を巡演、私は小高と仙台で観た。

柳さんは東日本大震災発生直後から福島県浜通りに入り、臨時災害エフエムで番組を担当、遂には移住して、本屋さん〈フルハウス〉と小劇場をオープン、被災地から旺盛な発言と発信を続けている。ちなみに柳さんのおじいさんはこの土地に縁ある人だった。そんな柳さんが若き日に率いていた演劇ユニット〈青春五月党〉を再起動、『ある晴れた日に』は『静物画』と『町の形見』に続く第3弾となる。いずれも東日本大震災をテーマに、観客に迫る。

東日本大震災の体験をいかに後世に語り継ぐかがさまざまに話題になっている。客観的なデータなどファクトを残すべきはもちろんだが、もうひとつ重要なのは、体験した私たちの感情や感覚、詰まるところは「気持ち」なのではないか。「気持ち」はなかなか客観データに残しようがないけれど、けれどもだからこそそこにカタストロフに直面した生ある者としての私たちの真実がありはしないか、それを伝えたくはないか。伝承の要ともいうべきこの問題の解は、おそらくは広く文芸がもたらす。『ある晴れた日に』を観て、その思いを強くした。

柳さんの〈フルハウス〉は新刊の本屋さんだが、私たち〈荒蝦夷〉はといえば、いまや古本屋さんである。〈古本あらえみし〉オープンは二〇一九年四月、仙台駅東口近くの一軒家、二階を事務所に、一階を古本屋とした。父が亡くなり、母が施設に入居、空家となった実家の整理に追われた。困ったのは私の本である。東京や仙台であふれた本を実家に送っては書庫がわりとしてきた。その万余の本を仙台に引き取らなければならない。それなら売ってみようと、事務所移転、古本屋開業となったのだが、そもそものきっかけはやはり被災体験だったといっていい。

事務所で倉庫で我が家で、床一面に散乱した本たちとの格闘が続いた。回収できるモノは回収した。ダンボールに詰めて倉庫に押し込めた。どうしようもなくなった本は、古本屋さんに引き取ってもらったり廃棄したりもした。作業しながらいつか記事にしようと思っていた、いつか本にしようと思っていた山なす資料を前に、そんな余裕はもうないかもしれないと感じた。生活再建と事業再開の日々が待っていた。さらに父が亡くなり、母と、そして義母の介護がはじまったかと思えば、今度は私が糖尿病、こうなると、あれもこれもではなく、あれかこれかである。ならば、これらの本たち、私たちの許からいまいちど世に還すべきではないか、きっとどこかで誰かがこの本たちを待っている……と、思ったのである。

仙台に来られる機会があれば、お立ち寄りを。

以上「エピローグ」のエピローグ、「あとがき」のあとがき、そして後日談である。この四年間、新たに出会った人たち、お世話になった人たちはたくさんいるが、屋上屋を重ねる謝辞は控えさせていただいて、本書に登場した人たちしなかった人たち、「あの日」からの私たちを支えてくれたすべてのみなさんに、ただ、感謝を。本書に名を挙げたみなさんの職業肩書きなどは執筆当時のままとした。すでに故人となられた方もあるが、特記はしなかった。さらに本書は台湾でも訳出された（開学文化社『瓦礫上的編輯　災區小型出版社〈荒蝦夷〉的三一一震災實録』）。同じ地震国として彼の地の出版社のみなさんが関心を寄せてくれた結果である。海の向こうの同業者と読者にも本書が届いたのをよろこびたい。

さいごに河出書房新社のみなさんに、ありがとう。いとうせいこうさんの『想像ラジオ』やハッピーさんの『福島第一原発収束作業日記』にはじまって、若竹千佐子さん『おらおらでひとりいぐも』、日上秀之さん『はんぷくするもの』、山野辺太郎さん『いつか深い穴に落ちるまで』、さらには柳美里さんの『町の形見』に山折哲雄さんとの共著『沈黙の作法』などなど、東日本大震災と東北を考えるための大切な本たちを世に送り続ける河出書房新社のみなさんとは、災後の日々、さまざまに場をともにして、ことばを交わした。その帰結として本書がある、そんな気がする。ありがとうございました。

さて、東北被災地はやがて「あの日」から一〇年を迎える。「国土強靭化」とはまたやたら勇ましいが、どころか打ち続く自然災害の猛威になすすべもなく脆弱《ぜいじゃく》と弱体の度が深まるこの国である。「復興」の幻に呻吟する東北被災地から、次なる被災地に生きるみなさんの息災を祈って、本書を終わる。

二〇二〇年一月

土方正志

追記——本書カバー写真は東日本大震災直後の二〇一一年四月に生まれた工藤大和くん（右）と妹の結愛ちゃん。宮城県南三陸町にて。二〇一六年五月五日の河北新報写真特集「未来へ　笑顔の5歳」に掲載され、同年の東北写真記者協会賞を受賞。撮影は同社写真部の渡辺龍記者。渡辺記者は同社志津川支局（現南三陸支局）勤務中に震災に遭遇。引き続き震災報道に奔走したが、この写真を撮影直後の二〇一六年九月、病没。享年四三。河北新報社の許可を得て使わせていただいた。

解説　淋しさの水溜り

柳美里

土方さんと出会って、いろんなことをお願いしたし、お願いもされた。

わたしは土方さんからのお願い事は全部受けてきたし、土方さんも受けてくださった。

わたしは、自分の出来ないことや苦手なことを、出来ることや得意なこと以上に大事にしているので、たいていの人からの依頼は、出来ない理由を説明した上で丁重にお断りする。

わたしは、お願いすることが大の苦手である。

比較的ものを言いやすい夫に対しても、お願いするよりも自分がやった方が早いし、お願いをするという心理的プレッシャーがない分気が楽だと思い、（大嫌いな台所仕事以外は）お願いせずに、自分でさっさとやってしまう。自分に時間的余裕が全くなく、お願いをするというプレッシャーよりも、出来ていないというストレスが上回る時のみ、「きみ、ちょっと悪いんだけど、さぁ」と前置きしてお願いする。

なにが言いたいかというと、わたしは土方さんからのお願い事を、義理じみた縛りで受けたのではないし、わたしは気安くお願い事が出来ない性格なので、土方さんにお願い事をしているのは、かなりレアなケースだということなのである。

何故なんだろう？　と立ち止まって考えることはなかったが、『瓦礫から本を生む』を読んで、わかったような気がする。もちろん、本書は土方さんにお目にかかる前にも読んでいたのだが、改めて読み返してみたら、土方正志という人の地の部分の優しさがすうっと胸に入ってきた。

優しさ、というのは、難しい。

優しさは往々にして、優しい人に見られたいがための演技だったり、人と接する時の安全弁だったり、ただのお節介を優しさと勘違いしていたりするから、わたしは、優しさめいたものに辟易とすることが多い。

でも、土方さんの優しさは、おそらく淋しさ由来だから、滲みる。

土方さんに淋しさを植え付けたのは、土方さんが生まれ育った北海道なのではないだろうか。

日本では（韓国でも）自分という存在の来歴である家系図に愛着を持っている人は多い。北海道人の多くは明治時代以降にどこかからやってきた人たちの末裔である。江戸時代の先祖が暮らしていた場所を特定するのは、かなり難しい。家系の源を辿れない人は、北海道以外の地域にも数多く存在するが、北海道人の意識は他地域の人のそれとは異なり、人生の連続性を根底から信じていないところにあるのではないか。北海道が都道府県別離婚率で常にトップ争いをしているのも、来歴の途絶と、家族や親戚のしがらみが少ないということが影響していると考えてよいだろう。

「地縁・血縁にあまり縛られることのない北海道人にはコミュニティ感覚が希薄だ」という土方さんの言葉を読んで、開拓者として全国各地から入植した北海道人と、朝鮮半島から流れてきた在日韓国・朝鮮人は、地縁血縁が少ない「よそ者」だという共通点があるな、と思った。

わたしが暮らしている福島県南相馬市小高区には、相馬中村藩の菩提寺「同慶寺」がある。いわき市出身の田中徳雲住職は、法話の最中にこんなことを話した。

「わたしの父に小高の寺の住職になると言ったら、ひと言、『北に行くと人間関係で苦労するぞ』と言われました。そんなに大変なんだろうか、と思ったけれど、やっぱり大変でした」

いわき市よりも南に位置する神奈川県鎌倉市から南相馬市に北上したわたしは、この地でコミュニティの閉鎖性と排他性を感じたことが一度もなかったので、住職という立場だと風当たりが違うのかなと思っていたが、おそらく土方さんが書いている通り、わたしの方のコミュニティ感覚が希薄だったから感知出来なかっただけなのだろう。

土方さんは、こう続ける。

「仙台でも東京でもコミュニティの力を感じることはなかった。いや、そもそも感じるセンスを持っていなかったのかもしれない。それをはじめて見せつけられたのが神戸だった」

土方さんは、阪神・淡路大震災の直後から神戸に通っていた。フリーライターとして報道する立場だったとはいえ、「まずは五年」と心に定めたというのだから、尋常ではない。

死者一万五八九七人、行方不明者二五三三人を出した東日本大震災でも、一年も経たないうちに、東京のマスコミ関係者の中からは「津波や原発ではもう視聴率が取れない」「被災地ものの本は売れない」という声が聞こえてきた。

「まずは五年」は、もはや取材ではない。

南相馬臨時災害放送局で「ふたりとひとり」というラジオ番組の聴き手を六年間務めたから、よく解る。

東京から「被災地」にやってくる多くの取材者は、「取材」という言葉の通り、記事や映像のための鮮度の良い「材料を取る」ことしか考えていない。材料として欲しい話を可能な限り短時間で訊き出し、「被災者」がやっとの思いで声にした悲しみを持ち帰り、視聴者や読者好みの形に切り刻んだり捻じ曲げたり調味料で味付けしたりして手早く調理を済ませ、皿にのせる。

土方さんは、取材によって「被災者」の悲しみの尊厳が傷付けられていることを知っていたから、欲しい話を訊き出す取材ではなく、ただ話を聴くという行為によって、傷付き悲しんでいる人と具体的な関わりを持ちたかったのではないか。

わたしは、インタヴューで必ず同じ質問をされる。

「ふたりとひとり」という番組を六年間続けた理由、「青春五月党」を再結成して「静物画」「町の形見」「ある晴れた日に」という三本の戯曲を東北で上演したことの理由である。

その理由は、土方さんが過不足なく答えてくれている。

「東北が、三陸沿岸の町や村が『壊滅』したのだそうである。そして、今度は『復旧』や『復興』しつつあるのだそうである。そうではなくて、『再生』や『再建』や『再興』するのだそうな。いやいや、『新』たに生まれ変わらなければならないのだなどという話もある」

「どうしても東京発の『復興』への違和感が消えない。『復た興す』でいいのか。ならば『復た』とはなにか。そもそもあれだけの破壊に『復た』は可能なのか。『復た』を口にする前に『いままで』がどうだったのかを知らねば画餅のごとき『復た』でしかないのではないか。時間的スケールをたっぷり取って『いままで』の過去や歴史を知るべきではないか」

『瓦礫から本を生む』は、土方さんの顔がよく見え、土方さんの声がよく聴こえる本である。

三陸沿岸のとある町の仮設住宅に「お茶っこ飲み」に現れるおばあちゃんの幽霊の話は、目で読むというより、土方さんの語りを聴いているようだった。

「いやあ、あのばあちゃん、自分が死んだってわかってないんだべな。まだ生きてるつもりでお茶っこ飲みさ来るんだべ。あんたもう死んでんだよってわざわざ教えるのもなあ。んだから、なにごともなかったようにお茶っこ飲ませて帰してやってんだ。そのうち自分でわかるべ」

この話を聴いた時の土方さんの顔が浮かぶのである。

土方さんは人の話を聞き流さない。

ひと言ひと言に反射するような聞き方でもない。

独特の間合いで、柔らかく受け止める。

だから、どんなに深刻な話をしていてもぴんと張り詰めることはない。むしろ、話しているうちに緩んでくる。弛緩とも違う。土方さんの間合いは共感となって、二人の間に中庭のような居心地の良い場所を生み出す。

計算や技術では、中庭は生まれない。

話し手と聴き手が、声と沈黙によって結ばれる時だけ、両者の間に二人だけの同じ場所が開けるのである。

荒蝦夷の初代アルバイトの須藤文音さんの「サンマリン気仙沼ホテル観洋」で行われた結婚式の話でも、新郎新婦の顔や一二〇人の参列者の顔よりも、土方さんの顔が浮かんで仕方なかった。

顔と言っても、眼差しや面差しではなく、淋しさの水溜りのような顔である。

「笑顔の向こうに自分の知るあの人やこの人を思い浮かべて、彼が、そしてみなに縁あるすべての死者がここにいた」

土方さんは、目が線になる笑い方をする。

それは、そのまま泣き顔になることもある。

『瓦礫から本を生む』を読んで、震災後に心労で体を壊してしまったことを知った。

土方さんは、糖尿病を患ってから、ずいぶん痩せてしまった。

アルコールも炭水化物もストップがかかっているというから、酒席では気の毒だ。

でも、「今日はいいや」と何度か呑んでしまっているのを目撃している。

「土方さん、だいじょうぶなんですか?」と冗談めかして言うしかないのだが、ほんとうは、とても心配している。

「だいじょうぶだいじょうぶ、今日だけだから」と、土方さんはとてもおいしそうにお酒を呑む。

初めて会った時は違ったのに、現在、土方さんもわたしも本屋の店主という肩書を持っている。

本屋を開いて、客を待っている。

お金儲けのためではない。

ひと言でいうと、他者のためである。

いつも他者から出発して、他者へと向かっているから、自分に素通りされる自分は、いつも淋しい。

でも、淋しさがなければ、小説を書いたり、戯曲を上演したりして、言葉やイメージに姿を変えて、他者の中に住まおうなどとはしないだろう。

と——、土方さんの話をしていたら、いつのまにか自分の話になっていた。

なにはともあれ、わたしは、これからも土方さんにお願い事をするだろうし、土方さんからなにかお願いされたら、断ることはないだろう。

土方さんとは、根っこの部分が似ている。

淋しさに根差しているところが、似ている。

さみしいですね、土方さん……。

192頁／2013年8月9日
『未来へ伝える私の3・11　語り継ぐ震災　声の記録②』IBC岩手放送編／竹書房／1600円／978-4-8124-9621-3／A5判並製216頁／2013年8月9日
『夜より黒きもの』高城高／東京創元社／1900円／978-4-488-02747-6／四六版上製320頁／2015年5月15日
『仙台ぐらし』伊坂幸太郎／集英社文庫／540円／978-4-08-745326-3／A6判256頁／2015年6月30日

■著書
『震災編集者　東北のちいさな出版社〈荒蝦夷〉の5年間』土方正志著／河出書房新社／1600円／978-4-309-02446-2／四六判並製256頁／2016年2月24日
『新編　日本のミイラ仏をたずねて』土方正志著／天夢人・山と渓谷社／1800円／978-4-635-82067-7／四六判並製272頁／2018年7月15日
『みちのく仙台常盤町　小田原遊廓随想録』千葉由香著／カストリ出版／1800円／978-4-904863-61-9／B6判並製170頁／2018年1月1日

■寄稿
土方正志「被災地で本を編む」／藤田直哉編著『らほら』（響文社）所収／1200円／978-4-87799-160-9／四六版上製260頁／2019年4月30日
土方正志「東日本大震災と本」／歴史学研究会編『歴史を未来につなぐ　「3・11からの歴史学」の射程』（東京大学出版会）所収／3500円／978-4-13-023075-9／A5判並製336頁／2019年5月24日

904863-26-8／A5判80頁／2013年1月31日
『奥松島物語 vol. 2』奥松島物語プロジェクト／1000円／978-4-904863-38-1／A5判80頁／2014年3月11日
『奥松島物語 vol. 3』奥松島物語プロジェクト／1000円／978-4-904863-49-7／A5判80頁／2015年8月28日
『石巻学 vol. 1』石巻学プロジェクト／1500円／978-4-904863-51-0／A5判128頁／2015年12月26日
『石巻学 vol.2』石巻学プロジェクト／1500円／978-4-904863-54-1／A5判128頁／2016年8月30日
『石巻学 vol.3』石巻学プロジェクト／1500円／978-4-904863-58-9／A5判136頁／2017年8月6日

■編集担当書籍
『函館水上警察』高城高／創元推理文庫／760円／978-4-488-47405-8／A6判320頁／2011年6月30日
『反欲望の時代へ　大震災の惨禍を越えて』山折哲雄・赤坂憲雄／東海教育研究所／1900円／978-4-486-03720-0／四六版並製304頁／2011年9月1日
『鎮魂と再生　東日本大震災・東北からの声100』赤坂憲雄編／藤原書店／3200円／978-4-89434-849-3／A5判並製488頁／2012年3月30日
『その時、ラジオだけが聴こえていた　3・11　IBCラジオが伝えた東日本大震災』IBC岩手放送編／竹書房／1300円／978-4-8124-9063-1／A5判並製144頁／2012年8月17日
『夜明け遠き街よ』高城高／東京創元社／1700円／978-4-488-02497-0／四六版上製304頁／2012年8月20日
『地震のはなしを聞きに行く　父はなぜ死んだのか』文：須藤文音・絵：下河原幸恵／偕成社／1400円／978-4-03-645050-3／A5判上製144頁／2013年3月
『冬に散る華　函館水上警察』高城高／創元推理文庫／740円／978-4-488-47406-5／A6判304頁／2013年4月26日
『未来へ伝える私の3・11　語り継ぐ震災　声の記録①』IBC岩手放送編／竹書房／1600円／978-4-8124-9620-6／A5判並製

■『震災学』など

『震災学 vol. 1』東北学院大学／1800円／978-4-904863-23-7／A5判320頁／2012年7月20日
『震災学 vol. 2』東北学院大学／1800円／978-4-904863-29-9／A5判240頁／2013年3月8日
『震災学 vol. 3』東北学院大学／1800円／978-4-904863-35-0／A5判224頁／2013年10月25日
『震災学 vol. 4』東北学院大学／1800円／978-4-904863-40-4／A5判216頁／2014年3月5日
『震災学 vol. 5』東北学院大学／1800円／978-4-904863-46-6／A5判224頁／2014年12月18日
『震災学 vol. 6』東北学院大学／1800円／978-4-904863-47-3／A5判280頁／2015年3月16日
『震災学 vol. 7』東北学院大学／1800円／978-4-904863-50-3／A5判216頁／2015年11月30日
『After 3.11　東日本大震災と東北学院』東北学院東日本大震災アーカイブプロジェクト委員会編／学校法人東北学院／2858円／978-4-904863-36-7／四六判上製620頁／2014年3月11日
『震災学 vol.8』東北学院大学／1800円／978-4-904863-52-7／A5判232頁／2016年3月25日
『震災学 vol.9』東北学院大学／1800円／978-4-904863-55-8／A5判224頁／2016年11月10日
『震災学 vol.10』東北学院大学／1800円／978-4-904863-57-2／A5判282頁／2017年3月23日
『震災学 vol.11』東北学院大学／1800円／978-4-904863-60-2／A5判228頁／2017年11月17日
『震災学 vol.12』東北学院大学／1800円／978-4-904863-62-6／A5判242頁／2018年3月23日
『震災学 vol.13』東北学院大学／2000円／978-4-904863-66-4／A5判316頁／2019年3月28日

■『奥松島物語』『石巻学』

『奥松島物語 vol. 1』奥松島物語プロジェクト／1000円／978-4-

山海百合訳／2100円／978-4-904863-56-5／四六判並製136頁／2017年3月11日
『東北学院大学地域共生推進機構連続講座　震災と文学　講義録』東北学院大学地域共生推進機構編／2700円／978-4-904863-59-6／四六判並製304頁／2017年3月30日
『増補決定版　仙台藩の戊辰戦争　東北諸藩幕末戦記』木村紀夫著／3000円／978-4-904863-63-3／四六判並製430頁／2018年6月15日
『増補決定版　仙台藩の戊辰戦争　幕末維新人物録282』木村紀夫著／3000円／978-4-904863-64-0／四六判並製412頁／2018年6月15日
『ビルの谷間のニューヨーク』佐々木健二郎著／1500円／978-4-904863-65-7／四六判並製256頁／2018年11月15日
『胡桃の木の下で　小説千葉卓三郎青春譜』大谷正紀著／2500円／978-4-904863-67-1／四六判並製384頁／2019年9月15日

■『遠野学』『マヨヒガ』
『遠野学 vol. 1』遠野文化研究センター／2500円／978-4-904863-21-3／A5判328頁／2012年3月26日
『遠野学 vol. 2』遠野文化研究センター／2000円／978-4-904863-30-5／A5判336頁／2013年4月15日
『遠野学 vol. 3』遠野文化研究センター／2000円／978-4-904863-42-8／A5判256頁／2014年4月1日
『遠野文化友の会会報　マヨヒガ vol. 1』遠野文化研究センター／500円／978-4-904863-19-0／B5判48頁／2012年2月10日
『遠野文化友の会会報　マヨヒガ vol. 2　復刻版　明治29年「風俗画報」臨時増刊　大海嘯被害録』遠野文化研究センター／2000円／978-4-904863-20-6／B5判213頁／2012年3月30日
『遠野文化友の会会報　マヨヒガ vol. 3』遠野文化研究センター／800円／978-4-904863-31-2／B5判48頁／2013年4月15日
『遠野文化友の会会報　マヨヒガ vol. 4』遠野文化研究センター／800円／978-4-904863-41-1／B5判48頁／2014年4月1日

24-4／四六判並製 232 頁／2012 年 9 月 21 日
『みちのく怪談コンテスト傑作選 2010』高橋克彦・赤坂憲雄・東雅夫編／1500 円／978-4-904863-27-5／四六判並製 288 頁／2013 年 2 月 28 日
『新・遠野物語　遠野まごころネット被災地支援への挑戦　2011-2013』遠野まごころネット編／1600 円／978-4-904863-28-2／四六判並製 328 頁／2013 年 3 月 11 日
『みちのく怪談コンテスト傑作選 2011』高橋克彦・赤坂憲雄・東雅夫編／1500 円／978-4-904863-32-9／四六判並製 292 頁／2013 年 8 月 9 日
『仙台で夏目漱石を読む　仙台文学館ゼミナール講義記録』小森陽一著・仙台文学館編／1500 円／978-4-904863-34-3／四六判並製 304 頁／2013 年 10 月 25 日
『蒼茫の大地、滅ぶ』西村寿行著／2300 円／978-4-904863-33-6／四六判並製 528 頁／2013 年 12 月 6 日
『福島へ／福島から　福島民報〈日曜論壇〉2004～2013　赤坂憲雄エッセイ集』赤坂憲雄著／1500 円／978-4-904863-39-8／四六判並製 128 頁／2014 年 2 月 24 日
『随筆と語り　遠来の跫音』佐々木俊三著／2000 円／978-4-904863-43-5／A5 判上製 456 頁／2014 年 5 月 30 日
『やまがた再発見 1』山形新聞社編／2200 円／978-4-904863-44-2／四六判並製 336 頁／2014 年 7 月 2 日
『高沢マキ 詩と詩論　さんまのしっぽ　悲しみは清らかにながれる　声に出して読む赤塚豊子』高沢マキ著／1700 円／978-4-904863-45-9／四六判並製 120 頁／2014 年 9 月 30 日
『異郷被災　東北で暮らすコリアンにとっての 3.11　東日本大震災在日コリアン被災体験聞き書き調査から』東日本大震災在日コリアン被災体験聞き書き調査プロジェクト編／2700 円／978-4-904863-48-0／四六判並製 392 頁／2015 年 7 月 11 日
『渚にて　あの日からの〈みちのく怪談〉』 東北怪談同盟編／2300 円／978-4-904863-53-4／四六判並製 252 頁／2016 年 7 月 30 日
『勝山海百合現代語訳　只野真葛の奥州ばなし』只野真葛著・勝

荒蝦夷――2011年3月11日以降の刊行物

★『書名』編著者など／本体価格／ISBN／体裁／刊行日

■『仙台学』

『仙台学 vol. 11』／1000 円／978-4-904863-12-1／B5 判 72 頁／2011 年 4 月 26 日
『仙台学 vol. 12』／1100 円／978-4-904863-13-8／B5 判 72 頁／2011 年 8 月 1 日
『仙台学 vol. 13』／1300 円／978-4-904863-16-9／B5 判 104 頁／2011 年 11 月 11 日
『仙台学 vol. 14』／1500 円／978-4-904863-25-1／A5 判 232 頁／2012 年 12 月 10 日
『仙台学 vol. 15』／1700 円／978-4-904863-37-4／A5 判 224 頁／2014 年 2 月 21 日

■「叢書東北の声」など

『12 の贈り物　東日本大震災支援岩手県在住作家自選短編集』道又力編／2000 円／978-4-904863-14-5／四六判並製 448 頁／2011 年 8 月 25 日
『昭和 24 年復刻版　宮城県郷土かるた』絵：杉村顕道・詞：杉村惇／1500 円／978-4-904863-15-2／変形版函入り／2011 年 10 月 3 日
『天晴れ！　盛岡文士劇　役者になった作家たち』道又力編／2500 円／978-4-904863-17-6／四六判並製 464 頁／2011 年 11 月 25 日
『仙台ぐらし』伊坂幸太郎著／1300 円／978-4-904863-18-3／四六判並製 224 頁／2012 年 2 月 18 日
『東北知の鉱脈 3』赤坂憲雄著／1700 円／978-4-904863-11-4／四六判並製 176 頁／2012 年 5 月 25 日
『ことばの杜へ』山形新聞社編／1500 円／978-4-904863-22-0／四六判並製 272 頁／2012 年 7 月 10 日
『旅随筆集　麦の冒険』佐伯一麦著／1500 円／978-4-904863-

本書は二〇一六年二月に小社より単行本として刊行された『震災編集者　東北のちいさな出版社〈荒蝦夷〉の5年間』に「文庫版エピローグ　2020年」を加筆したものです。

瓦礫《がれき》から本《ほん》を生《う》む

二〇二〇年二月一〇日　初版印刷
二〇二〇年二月二〇日　初版発行

著　者　土方正志《ひじかたまさし》
発行者　小野寺優
発行所　株式会社河出書房新社
〒一五一－〇〇五一
東京都渋谷区千駄ヶ谷二－三二－二
電話〇三－三四〇四－八六一一（編集）
〇三－三四〇四－一二〇一（営業）
http://www.kawade.co.jp/

ロゴ・表紙デザイン　粟津潔
本文フォーマット　佐々木暁
本文組版　KAWADE DTP WORKS
印刷・製本　中央精版印刷株式会社

Printed in Japan　ISBN978-4-309-41732-5

福島第一原発収束作業日記

ハッピー　41346-4

原発事故は終わらない。東日本大震災が起きた二〇一一年三月一一日からほぼ毎日ツイッター上で綴られた、福島第一原発の事故収束作業にあたる現役現場作業員の貴重な「生」の手記。

想像ラジオ

いとうせいこう　41345-7

深夜二時四十六分「想像」という電波を使ってラジオのＯＡを始めたＤＪアーク。その理由は……。東日本大震災を背景に生者と死者の新たな関係を描きベストセラーとなった著者代表作。野間文芸新人賞受賞。

彼女の人生は間違いじゃない

廣木隆一　41544-4

震災後、恋人とうまく付き合えない市役所職員のみゆき。彼女は週末、上京してデリヘルを始める……福島－東京の往還がもたらす、哀しみから光への軌跡。廣木監督が自身の初小説を映画化！

忘れられたワルツ

絲山秋子　41587-1

預言者のおばさんが鉄塔に投げた音符で作られた暗く濁ったメロディは「国民保護サイレン」だった……ふつうがなくなってしまった震災後の世界で、不穏に揺らぎ輝く七つの“生”。傑作短篇集、待望の文庫化

大震災’95

小松左京　41124-8

『日本沈没』の作者は巨大災害に直面し、その全貌の記録と総合的な解析を行った。阪神・淡路大震災の貴重なルポにして、未来への警鐘を鳴らす名著。巻末に単行本未収録エッセイを特別収録。

東京震災記

田山花袋　41100-2

一九二三年九月一日、関東大震災。地震直後の東京の街を歩き回り、被災の実態を事細かに刻んだルポルタージュ。その時、東京はどうだったのか。歴史から学び、備えるための記録と記憶。

計画と無計画のあいだ

三島邦弘　41307-5

一冊入魂、原点回帰の出版社として各界から熱い注目を集めるミシマ社。たった一人の起業から五年目の「発見」までをつづった愉快・痛快・爽快エッセイ。各界から絶賛を浴びた名著に「番外編」書き下ろし。

アウトブリード

保坂和志　40693-0

小説とは何か？　生と死は何か？　世界とは何か？　論理ではなく、直観で切りひらく清新な思考の軌跡。真摯な問いかけによって、若い表現者の圧倒的な支持を集めた、読者に勇気を与えるエッセイ集。

日本語のかたち

外山滋比古　41209-2

「思考の整理学」の著者による、ことばの姿形から考察する、数々の慧眼が光る出色の日本語論。スタイルの思想などから「形式」を復権する、日本人が失ったものを求めて。

塩一トンの読書

須賀敦子　41319-8

「一トンの塩」をいっしょに舐めるうちにかけがえのない友人となった書物たち。本を読むことは息をすることと同じという須賀は、また当代無比の書評家だった。好きな本と作家をめぐる極上の読書日記。

大不況には本を読む

橋本治　41379-2

明治維新を成功させ、一億総中流を実現させた日本近代の150年は、もはや過去となった。いま日本人はいかにして生きていくべきか。その答えを探すため、貧しても鈍する前に、本を読む。

椿の海の記

石牟礼道子　41213-9

『苦海浄土』の著者の最高傑作。精神を病んだ盲目の祖母に寄り添い、ふるさと水俣の美しい自然と心よき人々に囲まれた幼時の記憶。「水銀漬」となり「生き埋め」にされた壮大な魂の世界がいま蘇る。

幸せを届けるボランティア　不幸を招くボランティア

田中優　41502-4

街頭募金、空缶拾いなどの身近な活動や災害ボランティアに海外援助……これってホントに役立ってる？　そこには小さな誤解やカン違いが潜んでいるかも。"いいこと"したその先に何があるのか考える一冊。

偽善のトリセツ

パオロ・マッツァリーノ　41660-1

愛は地球を救わない？　でも、「偽善」は誰かを救えるかもよ⁉　人は皆、偽善者。大切なのは、動機や気持ちではなく、結果である。倫理学と社会学から迫る、誰も知らない偽善の真実。

生きるための哲学

岡田尊司　41488-1

生きづらさを抱えるすべての人へ贈る、心の処方箋。学問としての哲学ではなく、現実の苦難を生き抜くための哲学を、著者自身の豊富な臨床経験を通して描き出した名著を文庫化。

軋む社会　教育・仕事・若者の現在

本田由紀　41090-6

希望を持てないこの社会の重荷を、未来を支える若者が背負う必要などあるのか。この危機と失意を前にし、社会を進展させていく具体策とは何か。増補として「シューカツ」を問う論考を追加。

TOKYO　0円ハウス　0円生活

坂口恭平　41082-1

「東京では一円もかけずに暮らすことができる」——住まいは二十三区内、総工費０円、生活費０円。釘も電気も全てタダ⁉　隅田川のブルーシートハウスに住む「都市の達人」鈴木さんに学ぶ、理想の家と生活とは？

死してなお踊れ

栗原康　41686-1

行くぜ極楽、何度でも。家も土地も財産も、奥さんも子どもも、ぜんぶ捨てて一遍はなぜ踊り狂ったのか。他力の極みを生きた信仰の軌跡を踊りはねる文体で蘇らせて、未来をひらく絶後の評伝。

夫婦という病

岡田尊司　41594-9

長年「家族」を見つめてきた精神科医が最前線の治療現場から贈る、結婚を人生の墓場にしないための傷んだ愛の処方箋。衝撃のベストセラー『母という病』著者渾身の書き下ろし話題作をついに文庫化。

家族収容所

信田さよ子　41183-5

離婚に踏み切ることなどできない多くの妻たちが、いまの生活で生き抜くための知恵と戦略とは——？　家族という名の「強制収容所」で、女たちが悩みながらも強く生きていくためのサバイバル術。

スカートの下の劇場

上野千鶴子　41681-6

なぜ性器を隠すのか？　女はいかなる基準でパンティを選ぶのか？——女と男の非対称性に深く立ち入って、下着を通したセクシュアリティの文明史をあざやかに描ききり、大反響を呼んだ名著。新装版。

死刑のある国ニッポン

森達也／藤井誠二　41416-4

「知らない」で済ませるのは、罪だ。真っ向対立する廃止派・森と存置派・藤井が、死刑制度の本質をめぐり、苦悶しながら交わした大激論！　文庫化にあたり、この国の在り方についての新たな対話を収録。

愛と痛み

辺見庸　41471-3

私たちは〈不都合なものたち〉を愛することができるのか。時代の危機に真摯に向き合い続ける思想家が死刑をいままでにないかたちで問いなおし、生と世界の根源へ迫る名著を増補。

とむらい師たち

野坂昭如　41537-6

死者の顔が持つ迫力に魅了された男・ガンめん。葬儀の産業化に狂奔する男・ジャッカン。大阪を舞台に、とむらい師たちの愚行と奮闘を通じ「生」の根源を描く表題作のほか、初期代表作を収録。

カルト脱出記

佐藤典雅　41504-8

東京ガールズコレクションの仕掛け人としても知られる著者は、ロス、NY、ハワイ、東京と九歳から三十五歳までエホバの証人として教団活動していた。信者の日常、自らと家族の脱会を描く。待望の文庫化。

教養としての宗教事件史

島田裕巳　41439-3

宗教とは本来、スキャンダラスなものである。四十九の事件をひもときつつ、人類と宗教の関わりをダイナミックに描く現代人必読の宗教入門。ビジネスパーソンにも学生にも。宗教がわかれば、世界がわかる！

タレント文化人200人斬り　上

佐高信　41380-8

こんな日本に誰がした！　何者もおそれることなく体制翼賛文化人、迎合文化人をなで斬りにするように痛快に批判する「たたかう評論家」佐高信の代表作。九〇年代の文化人を総叩き。

タレント文化人200人斬り　下

佐高信　41384-6

日本を腐敗させ、戦争へとおいやり、人々を使い捨てる国にしたのは誰だ？　何ものにも迎合することなく批判の刃を研ぎ澄ませる佐高信の人物批評決定版。二〇〇〇年以降の言論人を叩き切る。

彩花へ——「生きる力」をありがとう

山下京子　40658-9

「神戸少年事件」で犠牲となった山下彩花ちゃん（当時十歳）の母が綴る、生と死の感動のドラマ。絶望の底から見出した希望と、娘が命をかけて教えてくれた「生きる力」を世に訴えたベストセラー。

彩花へ、ふたたび——あなたがいてくれるから

山下京子　40659-6

前著出版後、全国から寄せられた千通に及ぶ読者からの共感と涙の手紙。その声に励まされ力強く生きる著者が、手紙への返信と、娘の死を通じて学んだ「生と死」の意味を綴る。